HOW YOU CAN DELETE BOOKS FROM KINDLE

A Complete Guide on How You Can Delete Books from All Version of Kindle Devices in less than 5 Minutes for Beginners to Pro.

BY

NEWMAN ALEX

Copyright©2017

COPYRIGHT

TABLE OF CONTENT

CHAPTER 1

INTRODUCTION

Kindle is one of the most popular device for reading eBooks, even with the older model of kindle, you can have many eBooks' with this device, but every toasted coin always posses two sides after organizing your books in the manner you want.

When it takes you so much time to find books you want to read, the next option left is to delete unwanted books from your book shelf.

You should conclude your decision on what you want to do which are

1   If you have downloaded lots of books and you are done reading some, and

you wish to free up some space on your Kindle tablet, you will need to take off the unwanted books and have them stored in cloud.

2 If you don't want to see those unwanted books from your Kindle device in your archive, you may permanently delete them from cloud

CHAPTER 2

DELETE BOOKS FROM KINDLE KEYBOARD

To learn how to delete books from your Kindle keyboard, follow the simple instructions below.

a.   Make sure you are at the home screen of your kindle tablet

b.   Underline the items you wish to delete by moving the 5-way through the list of items on your device.

c.   Drag the 5-way to the left side to delete the unwanted items

d.   If you have books bought from kindle store, you will be required to hit "Remove from device", then "Delete" for contents not bought from kindle store. To cancel or stop the process of delete if you change your mind, drag the 5-way down/up to cancel. Remember that kindle books are stored in cloud after deleting from device.

e.   You will be required to confirm your actions for other content bought from kindle store.

CHAPTER 3

HOW TO DELETE FROM KINDLE PAPER WHITE AND KINDLE FIRE

To learn how delete from kindle paper and kindle paperwhite follow the tips below.

This is the less expensive model of kindle devices at the time which only cost 69 dollars. What an offer i bet you will never regret to have it.

To clean up space on your kindle wall you can archive items by marking the items name on the display screen and push the left arrow on the 5way controller mark and remove from device and press the centre of the five way controller.

To clean up library wall on kindle paperwhite, you can delete items by pressing and holding the items name or cover on the display screen. When the dialog box appears tap delete from your device this option will vary depending upon the content. Your content will remain stored securely in the cloud for download at any point in time

CHAPTER 4

HOW TO DELETE BOOKS FROM KINDLE VOYAGE

It's never complicated to delete books from kindle voyage you just need to press and hold the title you wish to delete within one or two seconds, when a menu pop up, select remove from the device then the book will be deleted from your kindle voyage, if you want to read the books again you can download it from kindle cloud again.

CHAPTER 5

HOW YOU CAN DELETE BOOKS FROM KINDLE FIRE

To learn how you can delete books from kindle fire press and hold one, the items will display the information menu, then select and tap remove from device. Content you bought from Amazon will definitely be in store in the Amazon cloud if need arises you can download it some other time

This process deletes the books from your device and also stores them on your cloud. If you wish to delete them completely you most remove them from kindle cloud.

HOW YOU CAN DELETE BOOKS FROM KINDLE APP FOR ANDROID AND IOS

To learn how you can delete from kindle app installed on your android tablets, you need to launch the apps, and then you will see your books displayed on the home screen.

Locate the book to be removed from your device in the app, tap on and hold on the book you want to delete, then remove from device

REMOVE CONTENT FROM KINDLE IOS APP

You can remove unwanted books from your iPad, iPhone or iPod touch so you don't have to use your devices memory space to store them.

To delete each book from kindle for ios app, simply tap and hold the cover of the book, and then tap remove from device which in fact is the only choice for you.

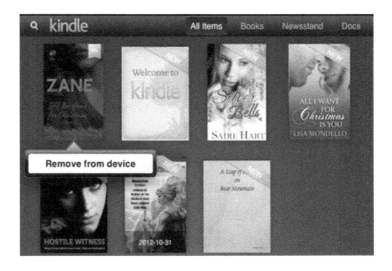

CHAPTER 6

HOW TO DELETE BOOKS FROM KINDLE CLOUD

Before you do this please be informed that if you delete a book completely from kindle cloud, you will not be able to read again. You can only read it when you purchase the book again. When you get to this part you really have a pretty strong mind to clean up your kindle archives. Now let me teach you how to remove contents from kindle cloud completely and permanently.

1. Login to Amazon.com and go to manage your content and devices, previously manage your kindle page. In this page you can see all the items in your kindle cloud which means they can be synced to all your registered kindle devices and apps

2. Mark the books you wish to delete and click on delete button

3. It will display a warning window to let you know if you are sure you want to delete. Click "YES".

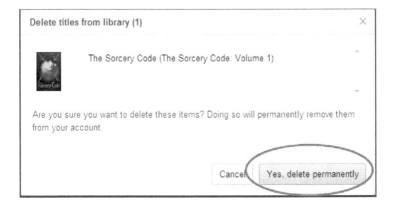

Congratulations you have deleted your book completely and you will not be able to see them both on cloud and device.

THE END

Newman Alex

Newman Alex

.

Newman Alex

Newman Alex

In einer Überlebenssituation ist eine klare und zuverlässige Kommunikation mehr als ein Luxus, sie ist eine Notwendigkeit. Es ermöglicht Menschen, Warnungen auszutauschen, Hilfe anzufordern, Aktionen zu koordinieren und Panik zu reduzieren. Stellen Sie sich vor, Sie wären während eines Stromausfalls oder einer Katastrophe von Ihrer Familie getrennt. Wenn Ihre Radios auf denselben Kanal eingestellt sind, können Sie auch dann mit ihnen sprechen, wenn die Telefone ausgeschaltet sind und die Straßen blockiert sind. Wenn Sie Teil einer Überlebensgruppe oder einer Nachbarschaftswache sind, können Funkgeräte den Mitgliedern dabei helfen, in Verbindung zu bleiben, sich regelmäßig zu melden und schnell auf Bedrohungen oder Bedürfnisse zu reagieren.

Guerilla-Kommunikation, ein Begriff, der häufig in Überlebens- und taktischen Situationen verwendet wird, bezieht sich auf eine intelligente, flexible und sichere Art des Informationsaustauschs in Situationen mit hohem Risiko. Diese Art der

Kommunikation ist nicht auf eine zentrale Quelle angewiesen. Stattdessen nutzt es ein dezentrales Netzwerk von Personen, die jeweils die Möglichkeit haben, Informationen direkt zu senden und zu empfangen. Funkgeräte eignen sich hierfür hervorragend, da sie Punkt-zu-Punkt- und Gruppenkommunikation ermöglichen, ohne auf externe Technologie angewiesen zu sein. Mit der richtigen Schulung können Menschen Funkgeräte nutzen, um verborgen zu bleiben, Abhörversuchen zu entgehen und Aktionen schnell und effektiv zu koordinieren.

Bei der Beherrschung der Guerilla-Kommunikation geht es um mehr als nur darum, zu lernen, wie man einen Knopf drückt. Es geht darum, zu verstehen, wie man Frequenzen sicher nutzt, wie man klar und kurz spricht, wie man es vermeidet, seinen Standort preiszugeben und wie man Vertrauen zwischen den Menschen in Ihrem Kommunikationskreis aufbaut. Dazu gehört auch das Wissen, wie Sie Ihre Ausrüstung funktionstüchtig halten, wie Sie in

Friedenszeiten legal bleiben und wie Sie in Notfällen ethisches Urteilsvermögen anwenden. Mit etwas Übung wird die Funkkommunikation zu einer Fähigkeit, die so natürlich und automatisch ist wie Fahrradfahren oder das Lesen einer Karte.

Dieses Buch soll Sie Schritt für Schritt durch alles führen, was Sie über den Einsatz von Baofeng-Funkgeräten in Überlebenssituationen wissen müssen. Egal, ob Sie sich auf Naturkatastrophen wie Hurrikane und Erdbeben vorbereiten, ein langfristiges Leben ohne Stromnetz planen oder einfach nur auf das Unerwartete vorbereitet sein wollen: Sie werden lernen, wie Sie Ihr Radio sicher nutzen können. Von der grundlegendsten Einrichtung bis hin zu fortgeschrittenen Sicherheitstaktiken hilft Ihnen jedes Kapitel dabei, Ihr Wissen zu erweitern, Ihre Fähigkeiten zu verbessern und sich auf Notfälle vorzubereiten, bei denen jede Sekunde zählt.

Das Verständnis der Bedeutung der Kommunikation ist der erste Schritt zur Vorbereitung auf Krisenszenarien. Mit einem Werkzeug wie dem Baofeng UV-5R haben Sie die Möglichkeit, die Kontrolle über Ihre Sicherheit zu übernehmen und auf dem Laufenden zu bleiben, wenn alles andere ungewiss ist. In einer Welt, die so stark auf fragile Netzwerke angewiesen ist, ist der Aufbau einer soliden Sicherung durch Funkkommunikation nicht nur klug, sondern auch unerlässlich. Dieses Buch wird Ihr Leitfaden sein, um diese Vorbereitung praktisch, klar und effektiv zu gestalten.

Kapitel 1

Beherrschung der Baofeng UV-5R Essentials

Das Baofeng UV-5R ist ein kompaktes und leistungsstarkes Funkgerät, das sich bei Überlebenskünstlern, Amateurfunkern und Notfallhelfern zu einem vertrauenswürdigen Werkzeug entwickelt hat. Seine Beliebtheit beruht auf seiner Vielseitigkeit, Erschwinglichkeit und der Fähigkeit, sowohl im VHF- als auch im UHF-Frequenzband zu arbeiten. Das Erlernen der richtigen Verwendung des Baofeng UV-5R ist ein entscheidender erster Schritt für jeden, der sich ernsthaft auf Notfälle vorbereiten möchte. In diesem Kapitel werden die wichtigsten Funktionen des Radios vorgestellt, die Einrichtung erklärt und ein grundlegender Überblick über seine Funktionen gegeben, damit Sie sicher und klar loslegen können.

Übersicht über die wichtigsten Funktionen, Tasten und Dualband-Funktionen

Das Baofeng UV-5R ist ein Handfunkgerät, das für seine Zuverlässigkeit, seinen erschwinglichen Preis und seine zahlreichen Funktionen bekannt ist, die es in einer Vielzahl von Situationen, insbesondere in Notfällen, nützlich machen. Eines der herausragenden Merkmale dieses Radios ist seine Fähigkeit, auf zwei verschiedenen Frequenzbändern VHF (Very High Frequency) und UHF (Ultra High Frequency) zu arbeiten. Dies wird als Dualband-Funktionalität bezeichnet. UKW eignet sich hervorragend für Außenbereiche, in denen es weniger Hindernisse gibt, wie z. B. Felder oder Berge. UHF funktioniert in Städten oder innerhalb von Gebäuden besser, da es sich effektiver durch Wände und andere Barrieren bewegen kann. Diese Möglichkeit, zwischen Bändern zu wechseln, hilft

Menschen, die beste Frequenz für ihre Umgebung auszuwählen, wodurch das Radio in verschiedenen Umgebungen nützlicher wird.

Der Baofeng UV-5R wurde mit Blick auf Einfachheit und Funktion entwickelt. Auf der Vorderseite des Radios finden Sie einen kleinen Bildschirm, der wichtige Informationen wie die aktuelle Frequenz, den Batteriestand und das aktive Band anzeigt. Der Bildschirm ist hintergrundbeleuchtet, sodass er auch im Dunkeln gut lesbar ist. Direkt unter dem Bildschirm befindet sich die Tastatur. Dieser verfügt über mehrere Tasten, mit denen Sie manuell Frequenzen eingeben, Kanäle wechseln, die Lautstärke anpassen und vieles mehr können. Einige Tasten haben mehrere Funktionen, je nachdem, wie lange Sie sie drücken. Durch kurzes Drücken kann beispielsweise ein Kanal gewechselt werden, während durch langes Drücken eine spezielle Einstellung aktiviert werden kann. Die Tastatur verfügt außerdem über eine Lichttaste, die eine kleine Taschenlampe einschaltet, die oben am Radio integriert ist – ein weiteres hilfreiches Hilfsmittel in Notfällen.

Auf der linken Seite des Radios finden Sie drei Tasten. Die oberste Taste ist die Push-To-Talk-Taste (PTT), die Sie drücken, wenn Sie mit jemandem sprechen möchten. Wenn Sie die PTT-Taste gedrückt halten, wird Ihre Stimme übertragen. Sobald Sie die Taste loslassen, kehren Sie in den Hörmodus zurück. So finden Gespräche im Radio statt, eine Person spricht nach der anderen und alle anderen hören zu. Unterhalb der PTT-Taste befinden sich zwei kleinere Tasten. Man aktiviert das integrierte UKW-Radio, sodass Sie normale Musik oder Nachrichtensender hören können. Der andere kann zum Scannen von Frequenzen oder als Verknüpfung zu anderen Einstellungen verwendet werden.

Auf der Oberseite des Baofeng UV-5R befindet sich die Antenne, die zum Senden und Empfangen von Signalen dient. Diese Antenne kann bei Bedarf abgeschraubt und durch eine längere oder leistungsstärkere ersetzt werden. Außerdem gibt es einen Knopf, der zwei Funktionen erfüllt: Ein- und Ausschalten des Radios und Einstellen der Lautstärke. Dies erleichtert die Steuerung, selbst wenn Sie Handschuhe tragen oder im Dunkeln arbeiten. Neben der Antenne befindet sich eine kleine LED-Leuchte, die als Taschenlampe fungiert. Diese Funktion ist für den nächtlichen Einsatz hilfreich und obwohl sie nicht sehr leistungsstark ist, kann sie Ihnen dabei helfen, sich in einem dunklen Raum zurechtzufinden oder jemandem in der Nähe ein Signal zu geben.

Überlebenskünstler bevorzugen den Baofeng UV-5R aus mehreren Gründen. Erstens ist es sehr erschwinglich, was bedeutet, dass man mehrere Einheiten für eine Gruppe oder Familie kaufen kann, ohne viel Geld auszugeben. Zweitens ist es kompakt und leicht, sodass es problemlos in einem Rucksack, einer Notfallausrüstung oder sogar einer Jackentasche transportiert werden kann. Drittens hat es eine gute Akkulaufzeit und wird mit einem wiederaufladbaren Akku geliefert. Sie können auch Ersatzbatterien oder spezielle Ladegeräte kaufen, die mit Solarpanels oder Handkurbeln funktionieren. Dies bedeutet, dass das Radio auch bei längeren Stromausfällen oder netzunabhängigen Situationen weiterarbeiten kann.

Ein weiterer Grund, warum sich Menschen für den UV-5R entscheiden, ist seine Flexibilität. Es kann mit verschiedenen Frequenzen programmiert werden, einschließlich der Frequenzen, die von örtlichen Rettungsdiensten, Amateurfunkbetreibern und Community-Netzwerken verwendet werden. Sie können auch Datenschutzcodes festlegen, um Störungen durch andere Benutzer zu vermeiden. Das Radio verfügt über eine „Dual Watch"-Funktion, was bedeutet, dass Sie zwei verschiedene Frequenzen gleichzeitig überwachen können. Dies ist nützlich, wenn Sie eine lokale Wetterstation hören und gleichzeitig mit einer

Gruppe von Freunden oder Familienmitgliedern in Kontakt bleiben möchten.

Für den Baofeng UV-5R ist außerdem umfangreiches Zubehör erhältlich. Sie können eine bessere Antenne zur Verbesserung der Reichweite, ein Lautsprechermikrofon zur einfacheren Nutzung beim Gehen oder einen Ohrhörer für private Gespräche kaufen. Es gibt auch Programmierkabel, mit denen Sie das Radio an einen Computer anschließen und mithilfe einer speziellen Software schnell mehrere Kanäle laden können. Dies ist hilfreich, wenn Sie Teil einer Vorbereitungsgruppe sind und alle dieselben Kanäle nutzen müssen. Das spart Zeit und stellt sicher, dass alle auf dem gleichen Stand sind.

Die Benutzerfreundlichkeit ist ein weiterer wichtiger Grund, warum dieses Radio beliebt ist. Obwohl es viele Funktionen und Einstellungen gibt, sind die meisten Grundfunktionen mit ein wenig Übung leicht zu erlernen. Kinder, Jugendliche und

Erwachsene können darin geschult werden, es effektiv zu nutzen. Es gibt Online-Anleitungen, Video-Tutorials und Community-Foren, in denen Menschen Ratschläge, Einstellungen und Updates austauschen. Diese große Benutzergemeinschaft macht es für Anfänger einfacher, etwas zu lernen und bei Bedarf Hilfe zu erhalten.

Der Baofeng UV-5R ist auch für seine Langlebigkeit bekannt. Es ist nicht wasserdicht, hält aber rauer Beanspruchung, kleineren Stürzen und Außenbedingungen stand. Mit ein wenig Pflege kann es lange halten. Benutzer tragen das Radio oft in einer Schutzhülle oder Tasche, um es vor Staub und Feuchtigkeit zu schützen. Da es über einen austauschbaren Akku betrieben wird, können Sie Extras mitnehmen und bei Bedarf austauschen, sodass Sie noch mehr Kontrolle über Ihre Kommunikationseinrichtung haben.

Zusammenfassend lässt sich sagen, dass der Baofeng UV-5R dadurch hervorsticht, dass er

Benutzern eine leistungsstarke Mischung aus Leistung, Flexibilität und Preis-Leistungs-Verhältnis bietet. Seine Dualband-Funktionalität ermöglicht den Einsatz in verschiedenen Umgebungen, sein Bildschirm und seine Tasten sind einfach zu bedienen und seine Funktionen wie Dual-Watch, Taschenlampe und austauschbare Antenne machen es besonders nützlich für Überlebens- und Notfallsituationen. Egal, ob Sie sich auf eine Naturkatastrophe vorbereiten, einen Campingausflug planen oder sich auf ein netzunabhängiges Leben vorbereiten: Wenn Sie wissen, wie Sie einen Baofeng UV-5R verwenden, können Sie sicher und verbunden bleiben, wenn andere Systeme ausfallen. Dieses Radio gibt Ihnen die Möglichkeit, direkt mit anderen zu kommunizieren, Antworten zu organisieren und auf dem Laufenden zu bleiben, egal, was auf Sie zukommt.

Frequenzen und Bänder verstehen: VHF, UHF und Notrufkanäle

Bei der Verwendung eines Funkgeräts wie dem Baofeng UV-5R ist es am wichtigsten zu verstehen, wie VHF- und UHF-Frequenzen funktionieren. Diese beiden Arten von Radiowellen sind wie unsichtbare Straßen in der Luft, die Ihr Radio zum Senden und Empfangen von Nachrichten nutzt. Jedes hat seine Stärken und Schwächen, und wenn Sie wissen, wann Sie diese nutzen können, können Sie in Notfällen in Verbindung bleiben.

VHF steht für Very High Frequency. Es deckt den Bereich der Radiowellen von 30 MHz bis 300 MHz ab. Der Baofeng UV-5R nutzt typischerweise einen Abschnitt dieses Bereichs zwischen 136 MHz und 174 MHz. UKW-Signale sind dafür bekannt, große Entfernungen zu überbrücken, insbesondere in offenen Gebieten. Dies liegt daran, dass die Funkwellen länger sind und weiter reichen können, bevor sie schwach werden. Diese Wellen bewegen sich meist in geraden Linien, was sich gut für die Kommunikation über weites, flaches Land wie Felder, Wüsten oder über Wasser eignet. Aus diesem Grund wird UKW häufig von Booten, Flugzeugen und Rettungskräften auf dem Land genutzt.

UKW hat jedoch einige Grenzen. Da die Wellen länger sind und sich in geraden Bahnen bewegen, kann es für sie schwierig sein, durch Gebäude, dichte Wälder und Berge zu gelangen. Wenn Sie sich in einer Stadt oder einem überfüllten Gebiet mit vielen hohen Gebäuden befinden, kommen UKW-Signale möglicherweise nicht gut durch. Das Signal kann von Gebäuden reflektiert werden oder blockiert werden, wodurch es schwieriger wird, die andere Person klar zu verstehen. Bei Notfällen in städtischen Umgebungen ist UKW möglicherweise nicht immer die beste Wahl.

UHF hingegen steht für Ultra High Frequency und deckt einen Bereich von 300 MHz bis 3.000 MHz ab. Der Baofeng UV-5R nutzt UHF-Signale im Bereich von 400 MHz bis 520 MHz. UHF-Signale reichen in offenen Gebieten normalerweise nicht so weit wie VHF, aber an Orten mit vielen Hindernissen funktionieren sie besser. Die Radiowellen sind kürzer, wodurch sie an Gebäuden, Wänden und anderen Barrieren reflektiert und reflektiert werden können. Aus diesem Grund wird UHF in Städten, Schulen und Bürogebäuden bevorzugt.

Einer der Vorteile von UHF besteht darin, dass es zuverlässiger ist, wenn Sie sich innerhalb eines Gebäudes oder in der Nähe hoher Objekte befinden. Das Signal kann um Ecken und in Räume gelangen, die ein UKW-Signal möglicherweise nicht erreicht. Allerdings werden UHF-Signale über große Entfernungen schneller schwächer, insbesondere im offenen Gelände oder in ländlichen Gebieten. Während UHF also auf engstem Raum mit vielen Strukturen gut funktioniert, ist es möglicherweise nicht die beste Wahl, wenn Sie versuchen, mit jemandem zu sprechen, der kilometerweit über offenes Gelände entfernt ist.

Da VHF und UHF jeweils ihre eigenen Stärken haben, bietet Ihnen die Dualband-Fähigkeit des Baofeng UV-5R einen großen Vorteil. Sie können je nach Umgebung auswählen, welches Band Sie verwenden möchten. Wenn Sie wandern oder auf dem Land unterwegs sind, bietet Ihnen UKW möglicherweise eine bessere Reichweite. Wenn Sie sich in einer Stadt oder in einem Gebäude befinden, erhalten Sie mit UHF möglicherweise einen klareren Klang. Wenn Sie wissen, wann und wie Sie die einzelnen Bänder verwenden, können Sie Ihr Radio optimal nutzen.

In Notsituationen ist es besonders wichtig, einige Frequenzen zu kennen. Eine der nützlichsten ist die NOAA-Wetterradiofrequenz. NOAA steht für National Oceanic and Atmospheric Administration. Sie bieten rund um die Uhr Updates zu Wetterbedingungen, Sturmwarnungen und

Naturkatastrophenwarnungen in den Vereinigten Staaten. Diese Sendungen nutzen UKW-Frequenzen im Bereich von 162,400 MHz bis 162,550 MHz. Es gibt sieben NOAA-Hauptkanäle, und viele Radios, darunter das Baofeng UV-5R, können so programmiert werden, dass sie sie hören. Mit dieser Funktion können Sie über gefährliche Wetterbedingungen wie Hurrikane, Überschwemmungen oder Waldbrände auf dem Laufenden bleiben, selbst wenn andere Systeme wie das Internet oder Mobiltelefone ausfallen.

Eine weitere wichtige Art der Notfallkommunikation erfolgt durch örtliche Rettungsdienste. Polizei, Feuerwehr und Such- und Rettungsteams nutzen je nach Standort und Bedarf häufig UHF- oder VHF-Frequenzen für ihre Funkgeräte. Während viele dieser Kanäle verschlüsselt oder eingeschränkt sind, können Sie an einigen Orten legal öffentlich-rechtliche Frequenzen abhören, um auf dem Laufenden zu bleiben. Wenn Sie den Einsatzkräften zuhören, können Sie besser verstehen, was um Sie herum passiert, sei es eine Naturkatastrophe, eine Straßensperrung oder ein Evakuierungsbefehl.

In einigen Fällen richten Prepper und Survival-Gruppen auf bestimmten öffentlichen Frequenzen Community-Radionetzwerke ein. Hierbei handelt es sich um legale Kanäle im Amateurfunkspektrum, die zum Informationsaustausch, zur Überprüfung von Nachbarn oder zur Koordinierung von Gruppenbemühungen verwendet werden. Um diese Kanäle zum Senden nutzen zu können, benötigen Sie normalerweise eine Lizenz, aber jeder kann mithören. Dies kann in Zeiten nützlich sein, in denen kein Telefondienst verfügbar ist und Sie wissen möchten, was vor Ort passiert.

Ein weiterer wichtiger Frequenzbereich, den Sie kennen sollten, sind die Bänder Family Radio Service (FRS) und General Mobile Radio Service (GMRS). Diese werden am häufigsten von

Walkie-Talkies und Kurzstreckenfunkgeräten verwendet. FRS-Funkgeräte erfordern keine Lizenz und eignen sich für die Familienkommunikation im Umkreis von etwa ein bis zwei Kilometern. GMRS-Funkgeräte erfordern eine Lizenz, bieten aber mehr Leistung und eine bessere Reichweite. Der Baofeng UV-5R kann technisch gesehen auf GMRS-Frequenzen verwendet werden, jedoch nur, wenn Sie über die entsprechende Lizenz verfügen. Diese Kanäle sind hilfreich für die Kommunikation mit Freunden oder der Familie in der Nähe im Notfall, insbesondere wenn die Telefone nicht funktionieren.

Wenn Sie Ihr Baofeng-Radio für Notfälle programmieren, empfiehlt es sich, mehrere Schlüsselfrequenzen einzubeziehen. Dazu können Ihr lokaler NOAA-Wetterkanal, öffentliche Sicherheitsfrequenzen in der Nähe (nur zum Hören) und alle Community-Netzwerke oder Prepper-Gruppenkanäle gehören, die Sie möglicherweise verwenden. Wenn Sie sich in einer stressigen oder hektischen Situation befinden, kann es sehr hilfreich sein, eine laminierte Karte mit einer Liste dieser Kanäle und ihrer Zwecke aufzubewahren.

Um VHF- und UHF-Frequenzen sinnvoll zu nutzen, müssen Sie auch auf Ihre Umgebung achten. Das beste Signal hängt nicht nur von der von Ihnen gewählten Frequenz ab, sondern auch von Ihrem Standort, der Leistung Ihres Radios und Ihrer Antennenkonfiguration. Im offenen Land kann ein UKW-Signal mit einer guten Antenne jemanden erreichen, der viele Kilometer entfernt ist. In einer Stadt kann ein UHF-Signal dicke Wände durchdringen und Ihnen eine bessere Chance geben, gehört zu werden. Wenn Sie lernen, wie Sie zwischen Bändern wechseln, nach aktiven Kanälen suchen und Ihre Einstellungen anpassen, bleiben Sie auch unter schwierigen Bedingungen in Verbindung.

Bei der Notfallvorsorge ist die Fähigkeit, sprechen und zuhören zu können, ohne auf eine moderne Infrastruktur angewiesen zu sein, eine wichtige Fähigkeit. Wenn Sie den Unterschied zwischen VHF- und UHF-Frequenzen und deren Verhalten an verschiedenen Orten verstehen, können Sie sicher sein, dass Sie Ihr Funkgerät effektiv nutzen können. Ganz gleich, ob Sie sich mitten im Wald befinden, von einem Stromausfall in der Stadt betroffen sind oder Ihren Nachbarn bei der Bewältigung einer Katastrophe helfen – Ihre Fähigkeit, klar und zuverlässig zu kommunizieren, kann den entscheidenden Unterschied machen. Der Baofeng UV-5R ist mit seinem Zugriff auf VHF- und UHF-Bänder ein Werkzeug, das Ihnen in jeder Krise Flexibilität, Kontrolle und Sicherheit bietet.

Schritt-für-Schritt-Anleitung zum Einschalten und Navigieren in der Benutzeroberfläche

Das Einschalten und Erlernen der Bedienung des Baofeng UV-5R mag zunächst schwierig erscheinen, aber sobald Sie die grundlegenden Schritte verstanden haben, ist der Vorgang recht einfach zu bewältigen. Diese einsteigerfreundliche Anleitung führt Sie durch alles, was Sie über das Einschalten, das Umschalten des Modus, das Einstellen von Lautstärke und Rauschsperre sowie die Verwendung des Menüs und der Anzeige wissen müssen.

Um den Baofeng UV-5R verwenden zu können, müssen Sie ihn zunächst einschalten. Auf der Oberseite des Radios, neben der Antenne, finden Sie einen kleinen schwarzen Knopf. Dieser Knopf dient zwei Zwecken: Er schaltet das Radio ein oder aus und regelt die Lautstärke. Um das Gerät einzuschalten, drehen Sie den Knopf vorsichtig im

Uhrzeigersinn, bis Sie ein Klicken hören und der Bildschirm aufleuchtet. Sie hören außerdem eine Sprachansage, die bestätigt, dass das Radio jetzt aktiv ist. Ist der Akku vollständig geladen, zeigt Ihnen das Display sofort die aktuelle Frequenz bzw. den aktuellen Kanal an.

Sobald das Radio eingeschaltet ist, möchten Sie die Lautstärke auf einen angenehmen Wert einstellen. Drehen Sie denselben Knopf weiter im Uhrzeigersinn, um die Lautstärke zu erhöhen, oder gegen den Uhrzeigersinn, um sie zu verringern. Es empfiehlt sich, die Lautstärke so einzustellen, dass Sie die Übertragungen deutlich hören können, aber nicht so laut, dass sie verzerrt oder störend wirken. Wenn Sie auf ein klares Signal hören, können Sie die Botschaft schnell verstehen, was in einer Krise wichtig ist.

Der nächste Schritt besteht darin, zu verstehen, wie die Rauschsperre eingestellt wird. Squelch ist eine Funktion, die dabei hilft, unerwünschtes Rauschen oder Rauschen herauszufiltern, wenn kein Signal empfangen wird. Wenn die Rauschsperre zu niedrig eingestellt ist, hören Sie viel Rauschen im Hintergrund. Wenn es zu hoch eingestellt ist, verpassen Sie möglicherweise schwächere Übertragungen, die immer noch wichtig sind. Um dies anzupassen, müssen Sie das Menüsystem des Radios aufrufen.

Um auf das Menü zuzugreifen, drücken Sie die Taste „MENU" auf der Tastatur des Radios. Auf dem Bildschirm werden eine Nummer und der Name eines Menüpunkts angezeigt. Mit den Auf- und Ab-Pfeiltasten können Sie durch die Menüpunkte scrollen. Um den Squelch-Pegel anzupassen, scrollen Sie zum Menüpunkt „SQL" oder zur Menünummer 0. Sobald Sie die richtige Einstellung gefunden haben, drücken Sie erneut „MENU", um mit der Bearbeitung zu beginnen. Verwenden Sie die Aufwärts- oder Abwärtspfeile, um den Squelch-Pegel einzustellen. Ein üblicher Ausgangspunkt ist Ebene 2 oder 3. Wenn Sie mit

Ihrer Einstellung zufrieden sind, drücken Sie erneut „MENU", um sie zu bestätigen und zu speichern, und drücken Sie dann „EXIT", um zum Hauptbildschirm zurückzukehren.

Eine der nützlichen Funktionen des Baofeng UV-5R ist seine Fähigkeit, in zwei verschiedenen Modi zu arbeiten: Frequenzmodus und Kanalmodus. Im Frequenzmodus können Sie bestimmte Frequenzen manuell eingeben und einstellen. Im Kanalmodus hingegen können Sie auf vorprogrammierte Kanäle zugreifen, die Sie oder jemand anderes gespeichert hat.

Um zwischen diesen Modi zu wechseln, drücken Sie die Taste „VFO/MR". Diese Schaltfläche befindet sich über dem Ziffernblock. Wenn sich das Radio im Frequenzmodus befindet, zeigt das Display die genauen Zahlen der aktuellen Frequenz an. Im Kanalmodus werden auf dem Bildschirm eine Kanalnummer und ein von Ihnen zugewiesener benutzerdefinierter Name angezeigt. Es ist wichtig, diese beiden Modi zu verstehen, da sie unterschiedlichen Zwecken dienen. Wenn Sie Radiobänder manuell erkunden oder eine neue Frequenz testen möchten, ist der Frequenzmodus hilfreich. Wenn Sie sich in einem Notfall befinden und schnellen Zugriff auf einen voreingestellten Notfallkanal benötigen, ist der Kanalmodus effizienter.

Das Display des Baofeng UV-5R ist in zwei Zeilen aufgeteilt. Dies bedeutet, dass zwei verschiedene Frequenzen oder Kanäle gleichzeitig angezeigt werden können. Diese Funktion wird als Dual-Watch bezeichnet und ermöglicht die Überwachung zweier Frequenzen, ohne manuell hin und her wechseln zu müssen. Die aktive Zeile ist diejenige, die hervorgehoben ist oder neben der sich ein kleiner Pfeil befindet. Durch Drücken der Taste „A/B" können Sie zwischen der oberen und unteren Zeile wechseln. Dies hilft Ihnen bei der Entscheidung, auf welcher Frequenz Sie senden möchten, während Sie gleichzeitig beide hören.

Wenn Sie das Menü- und Anzeigesystem verstehen, können Sie den Baofeng UV-5R optimal nutzen. Es gibt über 40 Menüoptionen im Gerät, Anfänger müssen jedoch nur einige wenige kennen, um loszulegen. Zu den wichtigen Menüeinstellungen gehören:

TXP (Transmit Power): Hier können Sie zwischen hoher und niedriger Leistung wählen. Hohe Leistung sorgt für ein stärkeres Signal, verbraucht aber mehr Batterie. Niedriger Stromverbrauch spart Batterie, hat aber eine geringere Reichweite.

R-CTCS und T-CTCS: Dies sind Datenschutzcodes, die Sie hinzufügen können, um Störungen auf stark frequentierten Frequenzen zu reduzieren. Sie machen Ihre Konversation nicht privat, sondern filtern andere Benutzer heraus, die nicht denselben Code verwenden.

VOX: Dies ermöglicht die freihändige Bedienung, indem Sie Ihre Stimme zum Auslösen der Übertragung verwenden. Dies ist in Situationen nützlich, in denen Sie die PTT-Taste (Push-To-Talk) nicht mit den Händen drücken können.

Denken Sie bei der Verwendung des Menüs immer an die grundlegenden Schritte. Drücken Sie „MENU", scrollen Sie mit den Pfeiltasten, drücken Sie erneut „MENU", um eine Einstellung auszuwählen, passen Sie sie mit den Pfeilen an, drücken Sie „MENU", um zu speichern, und drücken Sie „EXIT", um zurückzukehren. Mit ein wenig Übung wird das Navigieren durch das Menü ganz natürlich.

Außerdem ist es hilfreich zu wissen, wie man die Tastatur sperrt und entsperrt. Halten Sie bei eingeschaltetem Radio die Taste „#" zwei Sekunden lang gedrückt. Dadurch wird die Tastatur gesperrt und ein versehentliches Drücken der Tasten verhindert, wenn sich das Radio in Ihrer Tasche befindet. Halten Sie die Taste erneut gedrückt, um die Tasten zu entsperren. Dies ist wichtig, um unbeabsichtigte Frequenzänderungen zu vermeiden.

Eine weitere Sache, die Sie möglicherweise auf dem Bildschirm sehen, ist ein kleines Batteriesymbol oder eine Signalstärkeanzeige. Mithilfe dieser Symbole können Sie überwachen, wie viel Strom Sie noch haben und wie stark das eingehende Signal ist. Wenn Sie diese im Auge behalten, können Sie verhindern, dass sich das Radio unerwartet ausschaltet oder aufgrund eines schwachen Signals eine Übertragung ausbleibt.

Indem Sie lernen, wie Sie den Baofeng UV-5R einschalten, die Lautstärke und Rauschsperre einstellen, zwischen den Modi wechseln und im Menü navigieren, schaffen Sie sich eine solide Grundlage für die Verwendung dieses wertvollen Werkzeugs. Diese Grundkenntnisse sind besonders wichtig in Notfällen, wenn Zeit und Klarheit am wichtigsten sind. Je mehr Sie üben, desto sicherer werden Sie und schon bald werden Ihnen diese Handlungen zur zweiten Natur. Ganz gleich, ob Sie das Radio nutzen, um mit der Familie zu kommunizieren, sich mit einer Gruppe zu koordinieren oder Notfall-Updates abzuhören — diese ersten Schritte helfen Ihnen, das Beste aus Ihrem Baofeng UV-5R herauszuholen.

Kapitel 2

Praktischer Aufbau für Überlebenseinsätze

Der Aufbau eines zuverlässigen Kommunikationssystems ist ein entscheidender Bestandteil jeder Überlebensoperation. Ganz gleich, ob Sie sich auf eine Naturkatastrophe, einen Stromausfall oder eine ernstere Krise vorbereiten: Die richtigen Werkzeuge und das Wissen, wie man sie effektiv nutzt, können den entscheidenden Unterschied machen. In diesem Kapitel konzentrieren wir uns darauf, wie Sie Ihren Baofeng UV-5R für den praktischen Einsatz in Überlebenssituationen vorbereiten. Dazu gehört die Auswahl der richtigen Frequenzen, die Installation wichtiger Zubehörteile und die Sicherstellung, dass Ihr Radio für den realen Einsatz gerüstet ist. Mit der richtigen Einrichtung wird Ihr Baofeng-Funkgerät zu einem leistungsstarken Werkzeug zur Aufrechterhaltung der Kommunikation, zum Sammeln von Informationen und zur Koordinierung mit anderen in Notfällen.

So programmieren Sie Überlebensfrequenzen mit und ohne Software

Die Programmierung Ihres Baofeng UV-5R mit überlebensspezifischen Frequenzen ist ein wichtiger Schritt, um sicherzustellen, dass Sie im Notfall Zugriff auf wichtige Kommunikationskanäle haben. Zu diesen Frequenzen können unter anderem Wetterkanäle, lokale Notfalldienste und Prepper-Gruppenfrequenzen gehören. Sie können das Radio manuell programmieren oder Software wie Chirp verwenden, um den Vorgang zu vereinfachen. Beide Methoden sind effektiv, und wenn Sie lernen, wie man beide Methoden anwendet, erhalten Sie Flexibilität und Kontrolle über Ihre Kommunikationseinrichtung.

Um Überlebensfrequenzen manuell in Ihr Baofeng UV-5R zu programmieren, schalten Sie zunächst das Radio ein und stellen Sie sicher, dass Sie sich im Frequenzmodus befinden. Sie können dies überprüfen, indem Sie auf das Display schauen. Wenn Sie anstelle einer Kanalnummer eine Frequenznummer sehen, befinden Sie sich im Frequenzmodus. Wenn nicht, drücken Sie die Taste „VFO/MR", um zwischen Frequenz- und Kanalmodus zu wechseln.

Sobald Sie sich im Frequenzmodus befinden, können Sie eine Frequenz manuell eingeben. Geben Sie über die Tastatur die genaue Frequenznummer ein, zum Beispiel 146,520 MHz, die üblicherweise als Notfrequenz für Amateurfunker verwendet wird. Nachdem Sie die Frequenz eingegeben haben, drücken Sie die Taste „MENU", um auf die Einstellungen zuzugreifen. Scrollen Sie mit den

Aufwärts- und Abwärtspfeilen durch die Optionen, bis Sie die Option „Speichern" finden, die normalerweise mit „MEM-CH" oder „MEM" gekennzeichnet ist. Hier können Sie die Frequenz in einem der Speicherkanäle des Radios speichern.

Drücken Sie anschließend erneut die Taste „MENU", um die Frequenz zu speichern. Das Radio weist es einem Speicherkanal zu, auf den in Zukunft schnell zugegriffen werden kann. Um die gespeicherte Frequenz abzurufen, drücken Sie einfach die Taste „VFO/MR", um in den Kanalmodus zu wechseln, und scrollen Sie mit den Auf- und Ab-Pfeilen durch Ihre gespeicherten Kanäle.

Es ist auch wichtig, bestimmte Überlebensfrequenzen zu programmieren, die in Notfällen nützlich sind. Beispielsweise sind die NOAA Weather Radio-Kanäle für den Empfang von Echtzeit-Updates über Wetterbedingungen, Warnungen und Notfälle von entscheidender

Bedeutung. Die NOAA-Frequenzen liegen typischerweise zwischen 162,400 MHz und 162,550 MHz. Diese Frequenzen werden rund um die Uhr ausgestrahlt und liefern wichtige Informationen, die im Katastrophenfall lebensrettend sein können.

Zusätzlich zur NOAA programmieren viele Überlebenskünstler lokale Notruffrequenzen. Dazu können die Frequenzen gehören, die von örtlichen Feuerwehren, Polizeidienststellen oder Such- und Rettungsteams verwendet werden. Während einige Notruffrequenzen möglicherweise verschlüsselt sind, gibt es viele öffentliche Kanäle, die in Notfällen nützliche Informationen bereitstellen. Beispielsweise arbeiten Polizei und Feuerwehr in einigen Gebieten häufig auf VHF- und UHF-Frequenzen wie 154,070 MHz für Feuerwehren oder 462,550 MHz für Polizeidienste. Stellen Sie vor der Programmierung dieser Frequenzen sicher, dass diese in Ihrer Region öffentlich verfügbar sind. Listen mit lokalen Notdienstfrequenzen finden Sie in

Online-Datenbanken, Radioscanner-Apps oder Prepper-Websites.

Zu den weiteren wichtigen Frequenzen für Überlebenseinsätze gehören die Frequenzen, die von Prepper-Gemeinschaften oder Überlebensgruppen genutzt werden. Diese Frequenzen liegen typischerweise im VHF- und UHF-Bereich und einige sind für den allgemeinen Einsatz in Notsituationen vorgesehen. Ein beliebter Frequenzbereich für Prepper-Gruppen ist 146,520 MHz, eine landesweite Simplex-Frequenz, die von vielen Amateurfunkern überwacht wird. Andere Prepper-Gruppen nutzen Frequenzen im 70-cm-Band (430–450 MHz), da diese eine klare Kommunikation über kurze bis mittlere Entfernungen ermöglichen.

Das manuelle Programmieren dieser Frequenzen ist ziemlich einfach, aber wenn Sie mit mehreren Frequenzen arbeiten oder Zeit sparen möchten, gibt es eine einfachere Möglichkeit: die Verwendung von Software wie Chirp.

Chirp ist eine kostenlose Open-Source-Software, mit der Sie Ihren Baofeng UV-5R schnell und einfach programmieren können. Durch die Verwendung von Chirp können Sie viel Zeit sparen, insbesondere wenn Sie mehrere Frequenzen eingeben oder Anpassungen an Ihren Radioeinstellungen vornehmen müssen. Um Chirp nutzen zu können, müssen Sie Ihren Baofeng UV-5R über ein separat erhältliches Programmierkabel mit einem Computer verbinden. Dieses Kabel wird in den Programmieranschluss des Radios gesteckt und mit dem USB-Anschluss Ihres Computers verbunden.

Nachdem Sie Chirp auf Ihrem Computer installiert haben, verbinden Sie Ihren Baofeng UV-5R mit dem Programmierkabel mit dem Computer. Öffnen Sie die Chirp-Software und wählen Sie Ihr Funkgerätmodell aus der Liste der unterstützten

Funkgeräte aus. Als nächstes müssen Sie die vorhandenen Daten von Ihrem Baofeng UV-5R herunterladen, indem Sie auf die Schaltfläche „Vom Radio herunterladen" klicken. Durch diese Aktion werden alle aktuellen Einstellungen und Frequenzen aufgerufen, die in Ihrem Radio gespeichert sind.

Sobald Sie die Daten heruntergeladen haben, können Sie mit dem Hinzufügen überlebensspezifischer Frequenzen beginnen. Mit Chirp können Sie Frequenzen einfach eingeben, indem Sie sie in eine tabellenähnliche Oberfläche eingeben. Sie können Frequenzlisten auch aus anderen Quellen importieren, beispielsweise aus Online-Datenbanken oder Websites mit Notdienstfrequenzen. Geben Sie unbedingt die NOAA-Wetterfrequenzen, die örtlichen Notdienste und alle Frequenzen der Prepper-Gruppen an, die Sie überwachen möchten. Mit Chirp können Sie jeder Frequenz auch benutzerdefinierte Namen zuweisen, sodass Sie leicht erkennen können, welche Frequenz für welchen Zweck verwendet wird.

Nachdem Sie alle Ihre Überlebensfrequenzen in Chirp eingegeben haben, besteht der nächste Schritt darin, die Daten zurück auf Ihren Baofeng UV-5R hochzuladen. Klicken Sie einfach auf die Schaltfläche „Auf Radio hochladen" und die Software überträgt alle Einstellungen auf das Radio. Sobald der Upload abgeschlossen ist, können Sie auf die Frequenzen Ihres Radios zugreifen, genau wie bei manuell programmierten Frequenzen.

Einer der Vorteile von Chirp besteht darin, dass Sie damit auch andere Einstellungen Ihres Baofeng UV-5R verwalten können, wie z. B. Sendeleistungspegel, Squelch-Einstellungen und sogar die Einschaltmeldung des Funkgeräts. Dies gibt Ihnen die Möglichkeit, Ihr Funkgerät an Ihre Überlebensbedürfnisse anzupassen.

Neben der Programmierung des Funkgeräts für bestimmte Frequenzen ist es auch wichtig, über weiteres Zubehör nachzudenken, das Ihre Überlebenskommunikation verbessert. Beispielsweise kann eine externe Antenne die Reichweite Ihres Radios erweitern, insbesondere in ländlichen oder unzugänglichen Gebieten. Ein größerer Akku kann dafür sorgen, dass Ihr Radio bei längerem Betrieb länger hält, und für Notfälle ist ein Ersatzakku immer eine gute Idee. Möglicherweise möchten Sie auch in ein Lautsprechermikrofon investieren, das die Kommunikation erleichtert und gleichzeitig die Hände frei hat, oder in eine Schutzhülle, um Ihr Radio vor Witterungseinflüssen zu schützen.

Denken Sie daran, dass die Programmierung Ihres Radios nur ein Teil der Gleichung ist. Sie sollten auch regelmäßig den Umgang mit Ihrem Baofeng UV-5R üben, um sicherzustellen, dass Sie im Notfall sicher damit umgehen können. Wenn Sie wissen, wie Sie schnell zwischen den Frequenzen wechseln, die Dual-Watch-Funktion verwenden und die Lautstärke und Rauschsperre anpassen können, kann dies den entscheidenden Unterschied ausmachen, wenn Sie es am meisten brauchen. Durch die regelmäßige Nutzung des Funkgeräts und das Testen Ihrer Kommunikationseinstellungen sind Sie besser auf jede Situation vorbereitet, die auf Sie zukommt.

Durch die Programmierung Ihres Baofeng UV-5R mit überlebensspezifischen Frequenzen, entweder manuell oder mithilfe von Software wie Chirp, stellen Sie sicher, dass Ihnen im Notfall die richtigen Werkzeuge zur Verfügung stehen. Ganz gleich, ob Sie Wetterberichte überwachen, örtliche Notfalldienste überwachen oder Gruppenkanäle vorbereiten: Durch die Programmierung dieser Frequenzen in Ihrem Funkgerät bleiben Sie in Verbindung, wenn andere Kommunikationsformen ausfallen. Für jeden, der sich auf eine Krise vorbereitet, ist es unerlässlich, zu verstehen, wie man sein Funkgerät nutzt und es richtig einrichtet.

Unverzichtbares Zubehör: Taktische Antennen, Batterieoptionen und Headsets

Wenn es darum geht, Ihr Baofeng-Funkgerät in Überlebenssituationen einzusetzen, kann das richtige Zubehör seine Leistung und Benutzerfreundlichkeit im Feld erheblich verbessern. Obwohl der Baofeng UV-5R ein vielseitiges Werkzeug ist, gibt es mehrere wichtige Zubehörteile, die ihn in verschiedenen Situationen zuverlässiger, effizienter und praktischer machen können. Dieses Zubehör erweitert nicht nur die Fähigkeiten des Funkgeräts, sondern verbessert auch Ihre gesamte Kommunikationseinrichtung und macht es in Notfällen oder an abgelegenen Orten effektiver. Hier finden Sie eine Liste mit unverzichtbarem Zubehör für Ihr Baofeng-Radio sowie Erklärungen, wie jedes einzelne Zubehör die Leistung im Überlebenskontext verbessert.

Eines der wichtigsten Zubehörteile für ein Baofeng-Radio ist eine externe Antenne. Die im Lieferumfang des Funkgeräts enthaltene Standardantenne eignet sich gut für die Kommunikation über kurze Entfernungen, kann jedoch eingeschränkt sein, wenn Sie die Reichweite vergrößern oder in Bereichen mit Hindernissen wie hohen Gebäuden oder dichten Wäldern einen besseren Empfang benötigen. Eine externe Antenne, insbesondere eine, die für eine hohe Verstärkung ausgelegt ist, kann die Reichweite und Klarheit des Radios erheblich verbessern. Ob Sie sich in einer Bergregion, tief im Wald oder in einer von Katastrophen heimgesuchten städtischen Umgebung befinden, eine externe Antenne trägt dazu bei, dass Sie ein starkes Signal aufrechterhalten und über größere Entfernungen effektiv kommunizieren können. Externe Antennen gibt es in verschiedenen Formen, darunter Handantennen, fahrzeugmontierte oder tragbare Modelle, sodass Sie je nach Bedarf die richtige Option auswählen können.

Ein weiteres unverzichtbares Zubehör ist ein größerer Akku. Der Baofeng UV-5R wird normalerweise mit einem Standard-1800-mAh-Akku geliefert, der für den kurzfristigen Einsatz geeignet ist. In einem Überlebensszenario, in dem Sie möglicherweise keinen einfachen Zugang zu Ladestationen haben, ist es jedoch wichtig, über eine Notstromquelle zu verfügen. Ein größerer Akku, beispielsweise ein 2800-mAh- oder sogar ein 3600-mAh-Akku, sorgt für eine deutlich längere Betriebszeit. Mit einem größeren Akku können Sie Ihr Radio länger betreiben, ohne sich Gedanken über häufiges Aufladen machen zu müssen. Dies ist besonders wichtig in Notfällen, wenn Sie eine kontinuierliche Kommunikation mit Ihrem Team oder der Außenwelt benötigen. Ein Ersatzakku ist auch eine gute Idee für den Fall, dass der Hauptakku leer ist. Das Mitführen eines Ersatzgeräts stellt sicher, dass Sie in kritischen Momenten nie ohne Kommunikation dastehen.

Ein Lautsprechermikrofon ist ein weiteres Zubehör, das die Benutzerfreundlichkeit des Baofeng UV-5R im Feld erheblich verbessern kann. Das Standardmikrofon des Funkgeräts ist klein und es kann schwierig sein, das Funkgerät zu halten und gleichzeitig zu kommunizieren, insbesondere in Situationen, in denen Ihre Hände beschäftigt sind, beispielsweise beim Autofahren oder bei der Ausführung von Aufgaben in der Wildnis. Mit einem Lautsprechermikrofon können Sie das Mikrofon an Ihrer Kleidung oder Ausrüstung befestigen und freihändig verwenden, was die Kommunikation erheblich erleichtert. Das Lautsprechermikrofon verfügt häufig über einen größeren, leistungsstärkeren Lautsprecher, der das Hören von Übertragungen auch in lauten Umgebungen erleichtert. Dieses Zubehör ist besonders nützlich, um die Hände für andere Aufgaben frei zu haben und gleichzeitig eine klare und effektive Kommunikation aufrechtzuerhalten.

Ein Gürtelclip ist ein weiteres praktisches Zubehör für den Survival-Einsatz. Obwohl der Baofeng UV-5R relativ leicht ist, kann es umständlich werden, ihn über einen längeren Zeitraum in der Hand zu tragen. Mit einem Gürtelclip können Sie das Funkgerät einfach an Ihrem Gürtel, Rucksack oder einer anderen Ausrüstung befestigen, sodass es jederzeit zugänglich und einsatzbereit ist. Dieses einfache Zubehör sorgt dafür, dass das Radio immer griffbereit ist, wenn Sie es am meisten brauchen, und verhindert, dass es unterwegs verloren geht oder beschädigt wird. Außerdem haben Sie so die Hände frei für andere wichtige Aufgaben, sei es beim Wandern, beim Aufbau eines Lagers oder bei der Verwaltung von Notvorräten.

Um Ihren Baofeng UV-5R vor Witterungseinflüssen zu schützen, ist eine Schutzhülle ein unverzichtbares Zubehör. Obwohl das Radio auf Langlebigkeit ausgelegt ist, ist es nicht immun gegen Schäden durch Feuchtigkeit, Staub oder Schmutz. Eine Schutzhülle kann dazu beitragen, das

Radio vor diesen Umwelteinflüssen zu schützen, seine Lebensdauer zu verlängern und sicherzustellen, dass es auch unter rauen Bedingungen funktionsfähig bleibt. Einige Schutzhüllen bestehen aus robusten, wasserabweisenden Materialien und bieten sogar zusätzliche Stoßfestigkeit, was nützlich sein kann, wenn Sie das Radio in einer Stresssituation fallen lassen. Mit einer Schutzhülle können Sie sicher sein, dass Ihr Radio in einer Vielzahl anspruchsvoller Umgebungen sicher und betriebsbereit bleibt.

Eine Ladestation oder Multi-Ladestation ist ein weiteres wertvolles Zubehör, insbesondere für diejenigen, die auf mehrere Funkgeräte angewiesen sind oder mehrere Akkus gleichzeitig laden müssen. Der Baofeng UV-5R kann mit einem Standard-USB-Ladekabel aufgeladen werden, aber eine spezielle Ladestation oder eine Multi-Ladestation bietet eine organisiertere und effizientere Möglichkeit, den Ladevorgang zu verwalten. Wenn Sie sich auf eine langfristige Überlebenssituation vorbereiten oder mehrere Funkgeräte für eine Gruppe aufladen müssen, hilft eine Ladestation dabei, sicherzustellen, dass alle Geräte bei Bedarf einsatzbereit sind. Viele Multi-Ladegeräte ermöglichen auch das gleichzeitige Laden mehrerer Akkutypen, was hilfreich sein kann, wenn Sie mehrere verschiedene Modelle von Baofeng-Radios oder Ersatzakkus haben.

Headsets und Ohrhörer sind praktische Accessoires für die diskrete Kommunikation, insbesondere in Situationen, in denen Sie kommunizieren müssen, ohne andere auf Ihre Anwesenheit aufmerksam zu machen. Mit diesem Zubehör können Sie Übertragungen abhören oder in das Mikrofon sprechen, ohne Ihre Kommunikation in die Umgebung zu übertragen. Ganz gleich, ob Sie sich an Such- und Rettungseinsätzen beteiligen, eine verdeckte Operation koordinieren oder einfach versuchen, Ihre Kommunikation unauffällig zu halten, ein Headset oder Ohrhörer kann die Privatsphäre verbessern und das Risiko einer Entdeckung verringern. Viele Headsets sind mit eingebauten Mikrofonen, Push-to-Talk-Tasten und Geräuschunterdrückungsfunktionen ausgestattet, die eine klare Kommunikation auch in lauten Umgebungen gewährleisten.

Ein Autoladegerät ist ein wichtiges Zubehör für alle, die ihren Baofeng UV-5R unterwegs nutzen möchten. Im Überlebenskontext fahren Sie möglicherweise zu verschiedenen Orten, um Vorräte zu sammeln oder aus Gefahrenzonen zu evakuieren. Mit einem Autoladegerät können Sie Ihr Radio während der Fahrt aufladen und stellen so sicher, dass es während der gesamten Fahrt mit Strom versorgt bleibt. Dies ist besonders nützlich, wenn Sie das Radio über einen längeren Zeitraum verwenden oder nur begrenzten Zugang zu anderen Stromquellen haben. Mit einem Autoladegerät halten Sie Ihr Funkgerät jederzeit einsatzbereit, egal ob Sie durch ein Katastrophengebiet navigieren oder während einer Evakuierung mit einem Team kommunizieren.

Mit einem guten Antennenadapter können Sie mit Ihrem Baofeng UV-5R eine größere Auswahl an Antennen nutzen. Die Standardantenne ist möglicherweise nicht immer die beste Wahl für jede Situation, insbesondere wenn Sie den Empfang in schwierigen Umgebungen verbessern müssen. Mit einem Antennenadapter können Sie verschiedene Antennentypen, beispielsweise solche, die für bestimmte Frequenzen oder eine größere Reichweite ausgelegt sind, an Ihr Baofeng-Radio anschließen. Diese Flexibilität ist wichtig für die Anpassung an unterschiedliche Kommunikationsanforderungen und -umgebungen und stellt sicher, dass Sie das bestmögliche Signal für Ihren Überlebenseinsatz haben.

Das richtige Zubehör kann die Leistung und Benutzerfreundlichkeit Ihres Baofeng UV-5R-Radios im Survival-Kontext erheblich verbessern. Zubehör wie externe Antennen, größere Akkus, Lautsprechermikrofone, Schutzhüllen und Ladestationen tragen dazu bei, dass Ihr Radio in jeder Situation betriebsbereit ist. Dieses Zubehör erhöht die Reichweite, Haltbarkeit und Benutzerfreundlichkeit des Funkgeräts und ermöglicht Ihnen eine effektivere und zuverlässigere Kommunikation, wenn jede Sekunde zählt. Indem Sie Ihren Baofeng UV-5R mit dem richtigen Zubehör ausstatten, können Sie sein Potenzial maximieren und ihn zu einem noch wertvolleren Werkzeug in Ihrem Überlebens-Toolkit machen.

Modifizieren Ihres Baofeng: Wasserdichtigkeit, Tarnung und Reichweitensteigerung

Wenn Sie Ihr Baofeng-Radio auf extreme Bedingungen vorbereiten, ist es wichtig, es so zu modifizieren, dass es vor rauen

Umgebungsbedingungen geschützt ist und gewährleistet, dass es weiterhin effektiv funktioniert, wenn Sie es am meisten brauchen. Diese Modifikationen können die Haltbarkeit des Funkgeräts verbessern, seine Reichweite vergrößern und es einfacher machen, es zu verbergen, sodass Sie auch in schwierigen oder gefährlichen Situationen in Verbindung bleiben. Im Folgenden finden Sie einige praktische Schritte, mit denen Sie Ihr Baofeng-Radio an extreme Bedingungen anpassen können.

Eine der wichtigsten Modifikationen für jedes Funkgerät, das unter rauen Bedingungen eingesetzt wird, ist die Wasserdichtigkeit. In Überlebensszenarien kann es zu Regen, Schnee oder anderen Wetterbedingungen kommen, die Ihr Funkgerät beschädigen könnten, wenn es nicht ordnungsgemäß geschützt ist. Der Baofeng UV-5R ist nicht von Natur aus wasserdicht und erfordert daher einen zusätzlichen Schutz, um sicherzustellen, dass er auch bei Nässe funktionsfähig bleibt.

Eine gängige Methode, Ihr Baofeng-Radio wasserdicht zu machen, ist die Verwendung eines wasserdichten Gehäuses. Diese Hüllen wurden speziell entwickelt, um die Elektronik vor Wasser zu schützen und gleichzeitig die Nutzung der Tasten und des Bildschirms des Radios zu ermöglichen. Ein wasserdichtes Gehäuse verfügt normalerweise über eine Dichtung, die Feuchtigkeit fernhält und verhindert, dass Regen oder Schnee das Radio erreichen. Achten Sie bei der Auswahl eines wasserdichten Gehäuses darauf, dass es klar genug ist, dass Sie das Display sehen und auf die Tasten zugreifen können. Sie sollten außerdem sicherstellen, dass das Gehäuse robust genug ist, um Stürzen oder unsanfter Handhabung standzuhalten, wie sie in Überlebenssituationen häufig vorkommen. Wenn Sie einen DIY-Ansatz bevorzugen, können Sie wasserfestes Silikon- oder Gummidichtmittel um die Nähte des Radios auftragen, insbesondere um das Batteriefach und die Antenne. Dadurch wird eine Barriere gegen Feuchtigkeit geschaffen und verhindert, dass Wasser in kritische Bereiche des Radios eindringt.

Ein weiterer Schritt, um sicherzustellen, dass das Funkgerät wasserdicht bleibt, besteht darin, alle offenen Anschlüsse oder Anschlüsse abzudecken. Während der Baofeng UV-5R über eine kleine Abdeckung für den Programmieranschluss verfügt, können Sie alle Öffnungen zusätzlich mit Klebeband oder Silikon abdichten, um das Eindringen von Wasser zu verhindern. Wenn Ihr Radio über eine externe Antenne verfügt, sollten Sie erwägen, wasserfestes Klebeband zu verwenden oder die Verbindung abzudichten, um zu verhindern, dass Wasser in die Antennenbuchse eindringt.

Unter extremen Bedingungen ist die Tarnung ein weiterer wichtiger Faktor, insbesondere in Situationen, in denen Sie unentdeckt bleiben müssen. Die Sichtbarkeit eines Funkgeräts kann Sie zum Ziel machen, egal ob Sie sich in einem Konfliktgebiet befinden oder versuchen, unerwünschter Aufmerksamkeit in einem Katastrophengebiet zu entgehen. Um Ihr Baofeng UV-5R besser zu verbergen, können Sie zunächst Zubehör oder Gehäuse hinzufügen, die das Radio weniger auffällig machen.

Eine einfache Möglichkeit zur Tarnung ist die Verwendung von Tarnhüllen oder -beuteln. Diese Abdeckungen fügen das Radio in Ihre Umgebung ein und machen es für andere weniger sichtbar. Viele Unternehmen verkaufen getarnte Beutel oder Häute, die perfekt auf den Baofeng UV-5R passen. Diese Taschen können an Ihrer Ausrüstung, Kleidung oder sogar Ihrem Rucksack befestigt werden und helfen Ihnen, das Radio gut sichtbar zu verstecken. Wenn Sie keine im Handel erhältliche Abdeckung haben, können Sie eine eigene erstellen, indem Sie Tarnstoff oder Klebeband verwenden, um das Radio zu umwickeln. Stellen Sie sicher, dass das Material die Funktionen des Radios nicht behindert, z. B. die Tasten, das Display oder die Antenne.

Eine andere Methode zur Verschleierung besteht darin, eine diskretere Antenne zu verwenden. Die Standardantenne des Baofeng UV-5R ist relativ lang und kann in bestimmten Situationen Aufmerksamkeit erregen. Eine kleinere, flache Antenne kann dafür sorgen, dass Ihr Funkgerät weniger auffällig erscheint und dennoch eine angemessene Reichweite bietet. Diese Antennen sind online oder in Radiozubehörgeschäften erhältlich und können problemlos gegen die Originalantenne ausgetauscht werden. Indem Sie die serienmäßige Antenne durch ein kompakteres Modell ersetzen, verringern Sie die Sichtbarkeit Ihres Funkgeräts und behalten gleichzeitig seine Kommunikationsfähigkeiten bei.

In extremen Situationen möchten Sie das Radio möglicherweise ganz verstecken, wenn es nicht verwendet wird. Eine kreative Methode zum Verbergen ist die Verwendung einer versteckten Tasche oder eines versteckten Fachs in Ihrer Ausrüstung. Beispielsweise kann eine kleine Tasche an der Innenseite eines Rucksacks oder einer Weste ein idealer Aufbewahrungsort für das Funkgerät sein. Der Schlüssel besteht darin, sicherzustellen, dass das Funkgerät im Notfall zugänglich bleibt, aber so verborgen ist, dass es keine Aufmerksamkeit erregt. Darüber hinaus gibt es maßgeschneiderte Abdeckprodukte, wie zum Beispiel „versteckte" Holster, mit denen das Radio diskret am Körper befestigt oder unter der Kleidung versteckt werden kann.

Die Vergrößerung der Reichweite Ihres Baofeng-Funkgeräts ist eine weitere entscheidende Änderung, insbesondere wenn Sie in Gebieten mit Hindernissen wie Bergen, Gebäuden oder dichten Wäldern arbeiten. Die Reichweite des Funkgeräts kann durch Umgebungsfaktoren und Störungen begrenzt sein, es gibt jedoch mehrere

Möglichkeiten, seine Fähigkeit zum Senden und Empfangen von Signalen über große Entfernungen zu verbessern.

Der effektivste Weg, die Reichweite Ihres Baofeng UV-5R zu erweitern, ist die Aufrüstung der Antenne. Die Standardantenne ist für den allgemeinen Gebrauch konzipiert, bietet jedoch möglicherweise nicht in allen Situationen die beste Leistung. Eine Antenne mit höherer Verstärkung kann die Sende- und Empfangsreichweite des Funkgeräts erhöhen, insbesondere in anspruchsvollen Umgebungen. Es sind verschiedene Arten von Hochleistungsantennen erhältlich, darunter sowohl VHF- als auch UHF-Modelle, die für eine bessere Funktion über größere Entfernungen ausgelegt sind. Unter Radiobegeisterten ist eine lange Teleskopantenne eine beliebte Wahl, die für eine bessere Reichweite ausgefahren werden kann. Eine am Fahrzeug montierte Antenne ist eine weitere Option, wenn Sie von einem Pkw oder Lkw aus arbeiten. Diese

Antennen sind viel größer und für den effektiven Einsatz in Gebieten mit schlechter Signalabdeckung ausgelegt.

Wenn Sie planen, das Funkgerät über einen längeren Zeitraum an einem festen Standort zu verwenden, beispielsweise in einem Basislager oder einer Notunterkunft, können Sie auch eine stationäre Antenne aufstellen. Eine stationäre Antenne, die normalerweise an einem Mast oder Gebäude montiert wird, kann eine weitaus größere Reichweite bieten als eine Hand- oder Mobilantenne. Diese Antennen reduzieren Störungen und verstärken das Funksignal. Sie benötigen ein Koaxialkabel, um die Antenne an Ihr Baofeng-Radio anzuschließen. Am besten platzieren Sie die Antenne so hoch wie möglich, um Hindernisse wie Bäume oder Wände zu vermeiden, die das Signal blockieren könnten.

Eine weitere Möglichkeit, die Reichweite Ihres Funkgeräts zu verbessern, ist die Verwendung eines

Signalverstärkers. Ein Repeater funktioniert, indem er ein schwaches Signal von Ihrem Funkgerät empfängt, es verstärkt und es dann über einen größeren Bereich weitersendet. Repeater werden typischerweise in Gebieten mit schlechter Abdeckung eingesetzt, beispielsweise in abgelegenen Wildnisgebieten oder in Bergregionen. Während Repeater dauerhaft installiert werden können, können sie auch als tragbare Einheiten mitgeführt werden, sodass Sie Ihre Kommunikationsreichweite unterwegs erweitern können. Informieren Sie sich unbedingt über die örtlichen Vorschriften, um sicherzustellen, dass die Verwendung eines Repeaters in Ihrer Region legal ist, da bestimmte Frequenzen und Ausgangsleistungen gesetzlich geregelt sind.

Neben der Verbesserung des Antennen-Setups können Sie auch die Leistungsabgabe Ihres Radios optimieren. Mit dem Baofeng UV-5R können Sie die Sendeleistung des Funkgeräts zwischen niedrigen und hohen Einstellungen anpassen. Durch

Erhöhen der Ausgangsleistung können Sie die Kommunikationsreichweite vergrößern. Beachten Sie jedoch, dass höhere Leistungseinstellungen den Akku schneller entladen. In Situationen, in denen die Reichweite wichtiger ist als die Akkulaufzeit, kann die Verwendung der hohen Leistungseinstellung für die zusätzliche Distanz sorgen, die für eine effektive Kommunikation erforderlich ist.

Stellen Sie sicher, dass Ihr Baofeng UV-5R richtig eingestellt ist, um die beste Leistung zu erzielen. Dazu gehört die Anpassung der Rauschsperre, um Rauschen zu reduzieren und die Signalklarheit zu verbessern, sowie die Programmierung der richtigen Frequenzen für Ihre spezifische Situation. Indem Sie das Funkgerät auf die optimalen Frequenzen für Ihre Region und Ihren Anwendungsfall einstellen, können Sie sicherstellen, dass Sie über die besten verfügbaren Kanäle kommunizieren.

Um Ihr Baofeng-Radio für extreme Bedingungen zu modifizieren, müssen Sie es wasserdicht machen, die Tarnung verbessern und seine Reichweite vergrößern. Diese Modifikationen tragen dazu bei, dass Ihr Funkgerät in rauen Umgebungen funktionsfähig und effektiv bleibt, unabhängig davon, ob Sie sich in einer Überlebenssituation in der Wildnis oder in einem Hochrisikogebiet befinden, in dem Tarnung und Kommunikationsreichweite von entscheidender Bedeutung sind. Mit den richtigen Modifikationen wird Ihr Baofeng UV-5R zu einem zuverlässigen und leistungsstarken Werkzeug zur Aufrechterhaltung der Kommunikation unter extremen Bedingungen.

Kapitel 3

Kommunikationsprotokolle
für Krisensituationen

In Krisensituationen ist eine klare und effiziente Kommunikation von entscheidender Bedeutung, um die Bemühungen zu koordinieren, die Sicherheit zu gewährleisten und bei Bedarf auf Hilfe zuzugreifen. Das Verstehen und Anwenden geeigneter Kommunikationsprotokolle kann einen erheblichen Unterschied in der Wirksamkeit Ihrer Reaktion machen. In diesem Kapitel werden grundlegende Kommunikationsstrategien erläutert, wobei der Schwerpunkt auf der Verwendung Ihres Baofeng-Funkgeräts liegt, um in Notfällen effektiv zu kommunizieren. Ganz gleich, ob Sie Teil einer Überlebensgruppe sind, bei einer Rettungsaktion helfen oder eine Krise bewältigen: Die Kenntnis der richtigen Protokolle kann dazu beitragen,

Verwirrung zu vermeiden, sicherzustellen, dass alle auf dem gleichen Stand sind, und die Gesamteffizienz des Einsatzes zu steigern.

Wie man wie ein Profi spricht: Klarheit, Kürze und Protokoll

Beim Einsatz von Funkgeräten, insbesondere in Krisensituationen, ist es wichtig, die grundlegende Etikette zu befolgen, um sicherzustellen, dass Nachrichten klar, effizient und ohne Verwirrung übermittelt werden. Kommunikation über Funk kann eine größere Herausforderung darstellen als persönliche Gespräche, da man sich nicht auf visuelle Hinweise oder Körpersprache verlassen kann. Um sicherzustellen, dass jeder die Botschaft versteht, müssen einige wichtige Vorgehensweisen befolgt werden.

Eines der wichtigsten Dinge, die Sie bei der Nutzung eines Radios beachten sollten, ist, deutlich zu sprechen. Das mag einfach klingen, ist aber unerlässlich. Achten Sie beim Sprechen in das Mikrofon darauf, dass Sie mit ruhiger und ruhiger Stimme sprechen. Beeilen Sie sich nicht mit Ihren Worten und murmeln Sie nicht, da dies dazu führen kann, dass Ihre Botschaft schwer zu verstehen ist. Es ist auch wichtig, in einem moderaten Tempo zu sprechen. Zu schnelles Sprechen kann dazu führen, dass die Person am anderen Ende der Übertragung wichtige Details übersieht, während zu langsames Sprechen zu Frustration und Verzögerungen führen kann. Ziel ist es, ein Gleichgewicht zwischen zu schnellem und zu langsamem Sprechen zu finden.

Das Pausieren ist ein weiteres kritisches Element der Funkkommunikation. Beim Sprechen im Radio ist es wichtig, zwischen Sätzen oder Gedanken eine Pause einzulegen. Diese kurzen Pausen ermöglichen es der zuhörenden Person, die von Ihnen mitgeteilten Informationen zu verarbeiten und sich auf den nächsten Teil der Nachricht vorzubereiten. Pausen sind besonders wichtig, wenn Sie Anweisungen oder Informationen geben, die möglicherweise Maßnahmen erfordern. Wenn Sie beispielsweise jemandem von einer bevorstehenden Aufgabe erzählen, können Sie nach jedem Schritt eine Pause einlegen, um ihm Zeit zu geben, jeden Punkt zu verdauen, bevor er mit dem nächsten fortfährt. Es empfiehlt sich außerdem, einen Moment innezuhalten, nachdem Sie Ihre Nachricht beendet haben, um eventuelle Antworten zu ermöglichen oder um zu sehen, ob es weitere Fragen gibt.

Zusätzlich zum Pausieren müssen Sie bestimmte Sätze oder Wörter verwenden, die dazu beitragen, dass die Kommunikation reibungslos verläuft. Eines der am häufigsten in der Funkkommunikation verwendeten Wörter ist „vorbei". Sie verwenden „over", wenn Sie mit dem Sprechen fertig sind und möchten, dass die andere Person antwortet. Damit signalisieren Sie, dass Ihre Übertragung abgeschlossen ist und Sie auf eine Antwort warten. Nachdem Sie beispielsweise Informationen weitergegeben oder eine Frage gestellt haben, beenden Sie Ihre Aussage mit „Over", um anzuzeigen, dass die andere Person nun sprechen kann. Ebenso ist „Kopie" ein weiteres wichtiges Wort in der Radio-Etikette. Sie sagen „Kopieren", wenn Sie die Nachricht erhalten und verstanden haben. Dies gibt der sprechenden Person die Gewissheit, dass Sie gehört und verstanden haben, was sie gesagt hat. Wenn Sie nicht alles verstanden haben oder weitere Erläuterungen benötigen, können Sie mit „noch einmal sagen" oder „wiederholen" antworten und um eine erneute Übermittlung der Nachricht bitten.

Auch bei der Informationsvermittlung im Radio ist es hilfreich, ein standardisiertes Format zu verwenden, insbesondere in Stresssituationen. Wenn Sie beispielsweise wichtige Informationen weitergeben, sollten Sie zunächst herausfinden, wer Sie sind und mit wem Sie sprechen. Dies hilft, Verwirrung zu vermeiden und stellt sicher, dass die richtigen Personen die Informationen erhalten. Sie könnten zum Beispiel sagen: „Hier spricht der

Teamleiter, er ruft die Basisstation an." Sobald Sie sich und den beabsichtigten Empfänger identifiziert haben, können Sie mit Ihrer Nachricht fortfahren. Vergessen Sie nach Abschluss Ihrer Übertragung nicht, mit „Over" zu enden, um zu signalisieren, dass Sie Ihre Nachricht fertiggestellt haben und auf eine Antwort warten.

Wenn Sie auf die Nachricht einer anderen Person antworten, gilt die gleiche Etikette. Stellen Sie zunächst fest, wer Sie sind, und sagen Sie dann, ob Sie die Nachricht „kopieren", also verstanden haben, oder ob Sie eine Klarstellung benötigen. Wenn Sie weitere Informationen bereitstellen oder Anweisungen geben müssen, verwenden Sie ein klares und einfaches Format, damit die Nachricht leicht verständlich bleibt.

Bei der Funkkommunikation ist es wichtig, sich kurz und prägnant zu fassen. In einer Krise zählt jede Sekunde und lange Nachrichten können wertvolle Zeit verschwenden. Versuchen Sie, Ihre

Übertragungen so prägnant wie möglich zu halten und dennoch alle notwendigen Details anzugeben. Vermeiden Sie es, vom Thema abzuweichen oder unnötige Informationen bereitzustellen. Anstatt zum Beispiel zu sagen: „Dies ist eine Nachricht vom Teamleiter, ich wollte Sie nur darüber informieren, dass wir jetzt nach Westen fahren und am nächsten Kontrollpunkt anhalten", können Sie einfach sagen: „Teamleiter zur Basis, Richtung Westen, Halt am nächsten Kontrollpunkt, vorbei." Der Schlüssel liegt darin, klar, direkt und kurz zu sein.

Ein weiterer wichtiger Aspekt der Radio-Etikette ist das aufmerksame Zuhören. Bevor Sie mit dem Sprechen beginnen, vergewissern Sie sich, dass die Frequenz frei ist und niemand sonst sendet. Wenn Sie über eine andere Person sprechen, kann dies zu Störungen führen oder es dieser Person erschweren, ihre Botschaft zu verstehen. Wenn die Frequenz belegt ist, warten Sie, bis die Frequenz frei ist, bevor Sie Ihre Übertragung durchführen. Zuhören bedeutet auch, auf die Klarheit des Signals zu achten. Wenn die Botschaft nicht klar ist, zögern Sie nicht, den Sprecher zu bitten, sie zu wiederholen. Durch Formulierungen wie „Sagen Sie es noch einmal" oder „Das habe ich nicht kopiert" können Sie sicherstellen, dass Sie die richtigen Informationen erhalten.

Zur ordnungsgemäßen Nutzung des Funkgeräts gehört auch das Verständnis, wann nicht gesendet werden sollte. In einer Notsituation können die Funkkanäle überfüllt sein, und es ist wichtig, der wesentlichen Kommunikation Vorrang einzuräumen. Vermeiden Sie unnötiges Geplauder oder übermäßige Übertragungen, die wichtige Informationen blockieren könnten. Wenn Ihre Nachricht für die aktuelle Situation nicht dringend oder notwendig ist, sollten Sie mit dem Sprechen warten, bis die Frequenz klar ist.

Bei der Übertragung über große Entfernungen kann es zu Signalschwund oder -störungen kommen, insbesondere in bergiger oder dichter Umgebung. In diesen Fällen ist es umso wichtiger, deutlich und in einem gleichmäßigen Tempo zu sprechen. Durch das Wiederholen wichtiger Informationen, beispielsweise eines Standorts oder einer Anweisung, kann sichergestellt werden, dass die Nachricht verstanden wird, auch wenn das Signal während der Übertragung nachlässt oder abbricht.

Zur Funkkommunikation gehört auch die Einhaltung bestimmter Codes und Konventionen. Viele Überlebenskünstler und Militärgruppen verwenden bestimmte Ausdrücke oder Codes, um effizient zu kommunizieren und Missverständnisse zu vermeiden. Beispielsweise kann die Verwendung des 10-Code-Systems (z. B. „10-4" für „empfangen" oder „10-20" für „Standort") dazu beitragen, Informationen schnell und eindeutig zu übermitteln. Sich mit solchen Codes vertraut zu machen, kann Ihre Fähigkeit verbessern, in Situationen mit hohem Stress mit anderen zu kommunizieren.

Seien Sie sich der Kraft Ihrer Stimme bewusst. Wenn Sie in das Funkgerät sprechen, vermeiden Sie es, zu schreien oder zu leise zu sprechen. Schreien kann Ihre Stimme verzerren und das Verstehen erschweren, während zu leises Sprechen es für die andere Person möglicherweise schwierig macht, Sie zu verstehen, insbesondere wenn das Signal schwach ist. Finden Sie eine Balance, bei der Sie in einer angenehmen Lautstärke sprechen, und achten Sie auf die Umgebung, in der Sie sich befinden. In einer lauten Umgebung müssen Sie möglicherweise klarer und lauter sprechen, aber versuchen Sie immer, ruhig und maßvoll zu bleiben, um sicherzustellen, dass die Botschaft klar rüberkommt.

Die richtige Funketikette ist für eine klare und effiziente Kommunikation in Krisensituationen unerlässlich. Indem Sie deutlich sprechen, angemessene Pausen einlegen, Phrasen wie „über" und „kopieren" verwenden und Standardprotokolle befolgen, können Sie sicherstellen, dass Ihre

Nachrichten verstanden werden und dass Sie effektiv kommunizieren, wenn es darauf ankommt.

Rufzeichen, Codewörter und vorgefertigte Sätze zur Geheimhaltung

In Krisensituationen oder Überlebenseinsätzen ist die Aufrechterhaltung der Betriebssicherheit (OpSec) von entscheidender Bedeutung, um die Identität und den Standort der beteiligten Personen zu schützen. Eine wirksame Möglichkeit, die Sicherheit zu gewährleisten, ist die Verwendung von Rufzeichen, Codewörtern und Geheimphrasen. Diese Tools tragen dazu bei, die Kommunikation diskret zu halten, sodass es für Außenstehende oder potenzielle Feinde schwieriger wird, die Art des Gesprächs zu verstehen.

Ein Rufzeichen ist eine eindeutige Kennung, die jeder am Kommunikationsnetzwerk beteiligten

Person oder jedem Team zugewiesen wird. Es ist wie ein Spitzname oder Codename, der dabei hilft, eine Person oder Gruppe von einer anderen zu unterscheiden, ohne ihren echten Namen preiszugeben. Rufzeichen sind unerlässlich, da sie es Menschen ermöglichen, zu kommunizieren, ohne persönliche Informationen preiszugeben. Anstatt beispielsweise jemanden mit seinem richtigen Namen anzurufen, der seine Identität preisgeben könnte, wenn er abgefangen wird, würden Sie sein Rufzeichen verwenden. Dies kann je nach den Bedürfnissen der Gruppe alles sein, von einer einfachen Buchstaben- oder Zahlenkombination bis hin zu etwas Komplexerem.

Das Erstellen von Rufzeichen erfordert ein wenig Kreativität und Überlegung. Sie sollten leicht zu merken sein, aber nicht zu offensichtlich. Möglicherweise möchten Sie die Verwendung von Namen oder Titeln vermeiden, die für Außenstehende leicht zu erraten sind. Beispielsweise ist ein Rufzeichen wie „Alpha One" oder „Delta Six" viel sicherer als die Verwendung des richtigen Namens oder eines leicht erkennbaren Spitznamens einer Person. Einige Gruppen bevorzugen die Verwendung eines Systems, bei dem der erste Buchstabe des Rufzeichens jedes Mitglieds seiner Rolle oder Position innerhalb der Gruppe entspricht. Beispielsweise könnte der Teamleiter „Alpha" sein, der Stellvertreter könnte „Bravo" sein und so weiter. Dieses System kann effektiv sein, weil es jedem ermöglicht, zu wissen, mit wem er kommuniziert, ohne zu viele Informationen preiszugeben.

Auch Rufzeichen sind wichtig, um eine klare Kommunikation zu gewährleisten. In einer chaotischen oder stressigen Umgebung kann es schwierig sein, sich lange Namen zu merken oder auszusprechen. Ein kurzes, deutliches Rufzeichen hilft Menschen, schneller und klarer zu kommunizieren und Verwirrung zu vermeiden. Es ist wichtig, sich daran zu erinnern, dass jeder in der Gruppe die Rufzeichen verstehen und in der Lage sein sollte, sie schnell zu erkennen. Regelmäßiges Üben und Verwenden von Rufzeichen kann jedem helfen, sich mit dem System vertraut zu machen.

Neben Rufzeichen ist die Verwendung von Codewörtern ein weiteres wertvolles Instrument zur Aufrechterhaltung der Sicherheit. Codewörter sind bestimmte Wörter oder Phrasen, die etwas anderes darstellen sollen. Sie werden verwendet, um wichtige Informationen zu übermitteln, ohne die tatsächliche Bedeutung für den Zuhörer preiszugeben. Beispielsweise könnte eine Gruppe ein Codewort wie „Adler" verwenden, um einen bestimmten Ort darzustellen, oder „blau", um sich auf eine bestimmte Aktion zu beziehen. Der Vorteil der Verwendung von Codewörtern besteht darin, dass sie für Außenstehende schwer zu entziffern sind. Selbst wenn jemand die Kommunikation abfängt, kann er die wahre Bedeutung der Nachricht nicht herausfinden, es sei denn, er kennt den Code.

Beim Erstellen von Codewörtern ist es wichtig, Wörter auszuwählen, die nicht leicht erkennbar sind oder sich nicht auf das tatsächliche Objekt, den Ort oder die Aktion beziehen, die sie darstellen. Das Ziel besteht darin, sicherzustellen, dass die Codewörter unklar genug sind, um zu verhindern, dass jemand ihre Bedeutung errät. Darüber hinaus ist es sinnvoll, darauf zu achten, dass die Codewörter leicht zu merken und auszusprechen sind. Wenn Codewörter zu komplex oder schwer auszusprechen sind, kann dies insbesondere in Situationen mit hohem Stress zu Verwirrung bei der Kommunikation führen.

Es gibt verschiedene Möglichkeiten, Codewörter zu implementieren. Eine gängige Methode besteht darin, jedem wesentlichen Element oder jeder Aktion im Vorgang ein Codewort zuzuweisen. Wenn sich die Gruppe beispielsweise auf einen Umzug vorbereitet, könnte ein Codewort wie „grünes Licht" anzeigen, dass es Zeit ist zu gehen. Wenn ein Rückzugsbedarf besteht, könnte das

Codewort „rote Flagge" verwendet werden. Aus
Sicherheits- und Betriebssicherheitsgründen
empfiehlt es sich, die Codewörter regelmäßig zu
ändern. Dies verhindert, dass sich Feinde oder
Außenstehende mit der Zeit mit Ihrem System
vertraut machen und die Bedeutung der Wörter
entschlüsseln.

Neben Rufzeichen und Codewörtern sind
Geheimphrasen ein weiteres nützliches Werkzeug,
um die Kommunikation sicher zu halten.
Geheimsätze sind kurze, einfache Aussagen, die
wichtige Botschaften übermitteln, ohne zu viele
Informationen preiszugeben. Sie können genutzt
werden, um Pläne zu bestätigen, die Gruppe auf
Gefahren aufmerksam zu machen oder konkrete
Anweisungen zu geben. Beispielsweise könnte ein
Satz wie „Die Eule fliegt im Morgengrauen"
verwendet werden, um anzuzeigen, dass eine
Mission bald beginnt. Da der Satz scheinbar
harmlos ist, wäre es für jeden, der zuhört, schwierig,

die Botschaft zu verstehen, es sei denn, er ist Teil der Gruppe.

Geheimsätze sollten für die Gruppe einzigartig sein und von allen an der Operation Beteiligten verstanden werden. Es ist auch wichtig, die Formulierungen einfach, aber nicht zu offensichtlich zu halten. Ziel ist es, Formulierungen zu verwenden, die für die Gruppe leicht verständlich, für Außenstehende jedoch schwer zu interpretieren sind. Ebenso wie Codewörter ist es wichtig, Geheimphrasen regelmäßig zu ändern, um die Betriebssicherheit zu gewährleisten. Wenn ein Außenstehender den Ausdruck lernt und seine Bedeutung versteht, könnte die Sicherheit der Operation gefährdet sein.

Eine Möglichkeit, sicherzustellen, dass die Rufzeichen, Codewörter und Geheimphrasen wirksam sind, besteht darin, deren Verwendung in realistischen Szenarien zu üben. Dies hilft allen, sich mit dem System vertraut zu machen und stellt sicher, dass die Kommunikation auch unter Druck klar bleibt. Regelmäßige Schulungen, bei denen die Mitglieder der Gruppe den Umgang mit dem Funkgerät und die Kommunikation mit Rufzeichen, Codewörtern und Geheimphrasen üben, tragen dazu bei, ihre Fähigkeiten und ihr Selbstvertrauen zu verbessern. Es empfiehlt sich außerdem, die Codewörter und Geheimphrasen regelmäßig zu überprüfen und zu aktualisieren, um sie aktuell und sicher zu halten.

Ein weiterer kritischer Punkt, den es zu berücksichtigen gilt, ist der Grad der Komplexität. Auch wenn es wichtig ist, die Sicherheit aufrechtzuerhalten, sollte das Kommunikationssystem nicht so komplex sein, dass es in einer Krise schwer zu nutzen ist. Ziel ist es, Sicherheit und Effizienz in Einklang zu bringen. Wenn das System zu kompliziert oder schwer verständlich wird, könnte es die Kommunikation verlangsamen, was im Notfall schädlich sein kann.

Um sicherzustellen, dass Ihr Kommunikationssystem effektiv ist, ist es wichtig, die Rufzeichen, Codewörter und Geheimphrasen im Voraus mit den Mitgliedern Ihrer Gruppe zu teilen. Jeder sollte seine Rolle und die Bedeutung der Codewörter und -phrasen verstehen, bevor die Operation beginnt. Es ist außerdem wichtig sicherzustellen, dass sich die Gruppenmitglieder die Codewörter und Geheimphrasen ohne Verwirrung merken können. In einer Krise wird niemand Zeit haben, darüber nachzudenken, was ein Codewort bedeutet.

Das Erstellen und Verwenden von Rufzeichen, Codewörtern und geheimen Phrasen ist für die Aufrechterhaltung der Betriebssicherheit in der Gruppenkommunikation von entscheidender Bedeutung. Diese Tools tragen dazu bei, die Identität, den Standort und die Aktionen der Gruppe zu schützen, wodurch es für Außenstehende schwieriger wird, die Nachrichten zu verstehen oder abzufangen. Durch die Entwicklung eines leicht zu merkenden, regelmäßig zu ändernden und regelmäßig anzuwendenden Systems kann Ihre Gruppe sicherstellen, dass ihre Kommunikation in jeder Krisensituation sicher und effizient bleibt.

Häufige Fehler und wie man sie unter Druck vermeidet

In Stresssituationen ist eine klare Kommunikation von entscheidender Bedeutung, um sicherzustellen, dass alle in einer Gruppe auf dem gleichen Stand sind, insbesondere während einer Krise. Wenn jedoch der Adrenalinspiegel hoch ist, können selbst erfahrene Personen häufige Kommunikationsfehler machen. Diese Fehler können zu Verwirrung, verpassten Gelegenheiten oder sogar gefährlichen Situationen führen. Einer der häufigsten Fehler, den Menschen bei der Funkkommunikation in einer stressigen Umgebung machen, ist das zu lange Gedrückthalten der Push-to-Talk-Taste (PTT).

Die PTT-Taste ist der Mechanismus, der das Mikrofon des Funkgeräts aktiviert und es dem Sprecher ermöglicht, seine Nachricht zu übermitteln. Wenn die PTT-Taste zu lange gedrückt gehalten wird, kann dies zu mehreren Problemen führen. Erstens kann es sein, dass die Person, die der Übertragung zuhört, wichtige Teile der Nachricht verpasst, weil sie am Anfang nichts hören kann. Die ersten paar Sekunden der Übertragung gehen oft verloren, während der Sprecher die Taste weiterhin gedrückt hält. Dabei kann es sich um wichtige Informationen wie einen Standort oder eine Anweisung handeln. Darüber hinaus kann ein zu langes Halten der Taste dazu führen, dass das Ende der Nachricht abgeschnitten wird, sodass der Zuhörer nicht mehr weiß, was der Sprecher mitteilen wollte.

Ein weiterer häufiger Fehler besteht darin, zu schnell oder zu laut in das Mikrofon zu sprechen. Wenn der Adrenalinspiegel steigt, kann es leicht passieren, dass man eine Nachricht überstürzt durchgeht, um schnell zu kommunizieren, vor allem, wenn ein Gefühl der Dringlichkeit besteht. Allerdings kann schnelles Sprechen dazu führen, dass die Botschaft schwer verständlich ist. Außerdem kann es zu Verzerrungen im Radio kommen, wodurch es für den Zuhörer noch schwieriger wird, die Worte zu entziffern. Das gleiche Problem entsteht, wenn jemand zu laut in das Mikrofon spricht. Eine Übermodulation des Tons kann zu Verzerrungen führen, die die Klarheit der Nachricht beeinträchtigen. Sowohl zu schnelles als auch zu lautes Sprechen kann es für andere schwierig machen, die Nachricht richtig zu interpretieren.

Ein ähnliches Problem entsteht, wenn jemand zu leise spricht oder ins Radio murmelt. Im Notfall bedeutet die Dringlichkeit der Situation oft, dass alle beschäftigt sind oder unter Stress stehen. Wenn die Übertragung einer Person zu leise ist, kann es sein, dass sie von anderen nicht gehört wird oder die Person, die die Nachricht empfängt, sie möglicherweise falsch interpretiert. Dies gilt insbesondere in Situationen mit Hintergrundgeräuschen wie Schüssen, Sirenen oder fließendem Wasser. In diesen Fällen ist es wichtig, darauf zu achten, dass das Mikrofon richtig positioniert ist und der Sprecher mit klarer, verständlicher Stimme spricht.

Manchmal vergessen Leute, nach dem Drücken der PTT-Taste eine Pause einzulegen. Das Drücken der Taste zum Starten einer Übertragung und das sofortige Sprechen kann oft zu unvollständigen oder verstümmelten Nachrichten führen. Wenn die PTT-Taste gedrückt wird, dauert es einen Moment, bis das Mikrofon des Funkgeräts aktiviert wird und mit der klaren Übertragung des Tons beginnt. Wenn der Sprecher nach dem Drücken der Taste zu schnell zu sprechen beginnt, wird möglicherweise der Anfang seiner Nachricht abgeschnitten, sodass der Zuhörer nur einen Teil der Nachricht erhält, der verwirrend sein kann. Um dies zu vermeiden, ist es wichtig, nach dem Drücken der Taste einen kurzen

Moment zu warten, bevor Sie mit dem Sprechen beginnen, um sicherzustellen, dass der erste Teil der Nachricht vollständig übertragen wird.

Ein weiterer häufiger Fehler besteht darin, die richtige Radio-Etikette nicht anzuwenden, z. B. nicht zum richtigen Zeitpunkt „Ende" oder „Kopie" zu sagen. Bei der Funkkommunikation signalisiert das Sagen von „Over", dass der Sprecher seine Nachricht beendet hat und auf eine Antwort wartet. Ebenso wird „Kopieren" verwendet, um zu bestätigen, dass der Zuhörer die Nachricht empfangen und verstanden hat. Wenn diese Formulierungen nicht verwendet werden, kann es zu Verwirrung kommen, da sowohl der Sprecher als auch der Zuhörer möglicherweise nicht wissen, wann einer mit dem Sprechen fertig ist oder ob die andere Person bereit ist zu antworten. Die Nichtverwendung dieser grundlegenden Kommunikationsprotokolle kann zu Unterbrechungen, Fehlkommunikation oder

Verzögerungen führen, insbesondere in hektischen Situationen oder Situationen mit hohem Druck.

Die unsachgemäße Nutzung von Kanälen ist ein weiterer häufiger Kommunikationsfehler. Radios verfügen in der Regel über mehrere Kanäle und es ist entscheidend, den richtigen für die jeweilige Situation auszuwählen. Wenn der falsche Kanal verwendet wird, erreicht die Übertragung möglicherweise nicht den beabsichtigten Empfänger oder es könnte andere Kommunikationen beeinträchtigen. In einer Krise kann dies besonders gefährlich sein, da wichtige Nachrichten möglicherweise nicht rechtzeitig eingehen. Es ist wichtig, dass Sie mit den häufig verwendeten Kanälen vertraut sind und sicherstellen, dass das Funkgerät auf den richtigen Kanal eingestellt ist, bevor Sie eine Übertragung durchführen.

Manchmal vergessen Menschen, ihre Frequenz richtig zu überwachen. In einer Gruppensituation befindet sich das Radio möglicherweise auf einer

Frequenz, die von mehreren Personen genutzt wird, und wenn jemand die Frequenz nicht beachtet, verpasst er möglicherweise wichtige Nachrichten der Gruppe. Besonders problematisch ist dies in Notsituationen, in denen jede Sekunde zählt. Es ist wichtig, sich auf den Kommunikationskanal zu konzentrieren, insbesondere wenn ständige Aktualisierungen oder Planänderungen erforderlich sind.

Ein weiteres Problem, das insbesondere bei Neulingen in der Funkkommunikation auftritt, ist das mangelnde Verständnis für die Grenzen des Funks. Funkgeräte wie das Baofeng UV-5R eignen sich zwar hervorragend für die Kommunikation über kurze Entfernungen, haben jedoch eine begrenzte Übertragungsreichweite, insbesondere in unebenem Gelände oder Gebieten mit Störungen. Der Versuch, von außerhalb der Reichweite des Funkgeräts zu senden, kann dazu führen, dass die Nachricht unverständlich ist oder vollständig übersehen wird. Es ist wichtig, die Fähigkeiten der

Ausrüstung realistisch einzuschätzen und die Kommunikationserwartungen entsprechend anzupassen. In Krisensituationen ist es besser, eine häufige Kommunikation über kurze Entfernungen einzuplanen, als sich auf eine Übertragung über große Entfernungen zu verlassen, die möglicherweise nicht effektiv ist.

Einer der schwerwiegendsten Kommunikationsfehler in einer Krisensituation ist das Versäumnis, im Vorfeld einen klaren Kommunikationsplan aufzustellen. Ohne ein vordefiniertes Protokoll kann es für Einzelpersonen schwierig sein, den Zweck der Kommunikation zu verstehen, wann sie sprechen sollen und welche Maßnahmen ergriffen werden müssen. Dieser Mangel an Vorbereitung kann in kritischen Momenten zu Verwirrung und Fehlern führen. Es ist von entscheidender Bedeutung, Erwartungen zu formulieren und klare Rollen zu definieren, bevor man mit einer Operation beginnt. Dazu gehört die Vereinbarung, wie die Kommunikation ablaufen soll, welche Kanäle genutzt werden und wie Nachrichten strukturiert sein sollten, um Unklarheiten zu vermeiden. Ein klarer Plan stellt sicher, dass jeder seine Verantwortlichkeiten kennt und bereit ist, effizient zu handeln.

Um diese häufigen Fehler zu vermeiden, ist es wichtig, regelmäßig mit Ihrer Funkausrüstung zu üben und zu trainieren. Wenn Sie sich mit den Funktionen des Radios vertraut machen, die Bedeutung einer klaren und präzisen Kommunikation verstehen und unter Stress üben, können Sie Fehler minimieren. Darüber hinaus ist es wichtig, auch in Situationen mit hohem Druck ruhig zu bleiben. Adrenalin kann das Urteilsvermögen trüben, aber mit Übung und Vorbereitung können Sie Ihre Fähigkeit verbessern, unter Stress effektiv zu kommunizieren.

Kommunikationsfehler können den Ausgang einer Krise oder Überlebenssituation erheblich beeinträchtigen. Um diese Probleme zu vermeiden, ist es wichtig, die richtige Funketikette anzuwenden, eine klare und hörbare Sprache sicherzustellen, die PTT-Taste nicht zu lange gedrückt zu halten und einen konsistenten Kommunikationsplan einzuhalten. Indem Sie regelmäßig üben und die Grenzen Ihrer Ausrüstung verstehen, können Sie diese häufigen Fehler vermeiden und sicherstellen, dass Ihre Kommunikation effektiv, genau und zeitnah ist, auch wenn der Adrenalinspiegel hoch ist.

Kapitel 4

Aufbau eines sicheren Guerilla-Kommunikationsne tzwerks

In einer Überlebens- oder Krisensituation ist Kommunikation der Schlüssel zur Aufrechterhaltung der Koordination und zur Gewährleistung der Sicherheit. Es ist jedoch ebenso wichtig sicherzustellen, dass Ihre Kommunikation sicher und unentdeckt vor feindlichen Kräften bleibt. In diesem Kapitel wird untersucht, wie man mithilfe von Tools wie den Baofeng-Funkgeräten ein zuverlässiges und sicheres Guerilla-Kommunikationsnetzwerk aufbaut. Durch das Verständnis der Grundlagen von Verschlüsselung, Signalsicherheit und verdeckten Kommunikationspraktiken können Einzelpersonen und Gruppen sicherstellen, dass ihre Nachrichten geschützt bleiben und gleichzeitig eine effektive Koordination vor Ort ermöglichen. Dieses Netzwerk kann für die Aufrechterhaltung der Betriebssicherheit in kritischen Momenten, in denen die Privatsphäre von größter Bedeutung ist, von entscheidender Bedeutung sein.

Schaffen Sie Vertrauen und Rollen in Ihrem Kommunikationskreis

Der Aufbau eines sicheren Kommunikationsnetzwerks ist in jeder Krisen- oder Überlebenssituation unerlässlich. In einer feindlichen Umgebung ist es von entscheidender Bedeutung, sicherzustellen, dass Ihre Nachrichten vertraulich behandelt und vor Feinden geschützt werden. Ebenso wichtig ist eine klare Struktur und die Zuweisung spezifischer Rollen an vertrauenswürdige Personen, um Ordnung und Effizienz aufrechtzuerhalten. Indem Sie Ihr Netzwerk organisieren und einige wesentliche

Prinzipien befolgen, können Sie ein System schaffen, das eine sichere und effektive Kommunikation ermöglicht, sei es für eine kleine Gruppe oder ein größeres Team.

Zunächst müssen Sie die Personen auswählen, die Teil des Kommunikationsnetzwerks sein sollen. Dies sollten vertrauenswürdige Personen sein, die zuverlässig sind und mit sensiblen Informationen umgehen können, ohne sie Außenstehenden preiszugeben. Die Mitglieder Ihres Netzwerks müssen sich der Bedeutung der Vertraulichkeit und der Folgen der Weitergabe von Informationen bewusst sein. Wählen Sie Personen aus, die die Situation genau verstehen und mit der Ausrüstung und den Kommunikationsprotokollen vertraut sind. Diese vertrauenswürdigen Personen bilden den Kern Ihres sicheren Kommunikationsnetzwerks.

Sobald die Gruppe eingerichtet ist, weisen Sie jedem Mitglied bestimmte Rollen zu. Dies ist für die Organisation des Netzwerks und die

Gewährleistung einer effizienten Aufgabenerledigung unerlässlich. Ein gängiger Ansatz besteht darin, Rollen wie Relayer, Scouts und Runners zuzuweisen, die jeweils für bestimmte Aufgaben verantwortlich sind, die zum Gesamterfolg des Kommunikationsplans beitragen.

Die Rolle eines Relayers ist eine der wichtigsten im Netzwerk. Ein Relayer fungiert als Mittelsmann, der Informationen von einem Mitglied an ein anderes weitergibt. Diese Position ist besonders nützlich, wenn sich das Netzwerk über einen größeren Bereich erstreckt und eine direkte Kommunikation zwischen allen Mitgliedern nicht möglich ist. Der Relayer stellt sicher, dass Nachrichten genau und effizient übertragen werden. Sie erhalten Informationen möglicherweise nicht immer direkt, sondern erhalten sie von einer Gruppe und geben sie an die nächste weiter. Durch einen Relayer wird sichergestellt, dass Nachrichten ihre beabsichtigten Empfänger erreichen, auch wenn ein direkter Kontakt nicht möglich ist.

Die Aufgabe des Scouts besteht darin, wichtige Informationen aus der Umgebung zu sammeln, sei es über feindliche Bewegungen, örtliche Bedingungen oder Vorräte. Späher werden in der Regel auf Aufklärungsmissionen geschickt, um Informationen zu sammeln und mit den notwendigen Details zurückzukehren. Ihre Kommunikationsbedürfnisse sind von entscheidender Bedeutung, da sie möglicherweise weit von der Hauptgruppe entfernt sind. Pfadfinder sollten mit Funkgeräten ausgestattet sein, die über große Entfernungen kommunizieren können, sowie mit verschlüsselten Kanälen, um sicherzustellen, dass ihre Nachrichten nicht abgefangen werden können. Sie müssen verstehen, wie wichtig es ist, schnell und klar Bericht zu erstatten, ohne zu viele Informationen preiszugeben, die die Mission gefährden könnten.

Läufer spielen eine weitere wichtige Rolle im Kommunikationsnetzwerk. Läufer sind dafür verantwortlich, Nachrichten physisch von einer Gruppe zur anderen zu übermitteln, wenn Funkgeräte möglicherweise nicht effektiv sind oder eine sichere Kommunikation aufrechterhalten werden muss. Sie sind schnell und wendig und in der Lage, schnell zwischen Standorten zu wechseln, um wichtige Informationen zu liefern. Läufer müssen darin geschult werden, sich unbemerkt in der Umgebung zurechtzufinden. In manchen Situationen können Läufer auch als Ersatzkommunikatoren fungieren und Funkgeräte verwenden, um wichtige Nachrichten zu übermitteln, wenn andere Kommunikationsformen versagen.

Ein weiterer wichtiger Aspekt bei der Aufrechterhaltung der Sicherheit in Ihrem Kommunikationsnetzwerk besteht darin, sicherzustellen, dass alle Nachrichten vertraulich bleiben. Ein effektiver Weg, dies zu erreichen, ist die Verwendung codierter Sprache, Phrasen und Rufzeichen. Anstatt Klartext zu verwenden, in dem eine Nachricht möglicherweise von Außenstehenden leicht verstanden wird, können Sie spezifische Codes erstellen, die nur Ihre Gruppe versteht. Dadurch wird verhindert, dass der Feind Ihre Nachrichten abfängt und entschlüsselt, da er die Codes nicht verstehen kann. Ein wichtiger Teil dieser Strategie besteht darin, vorab einen gemeinsamen Satz von Codes und Rufzeichen zu entwickeln, damit alle im Netzwerk auf dem gleichen Stand sind. Dieses System sollte einfach zu bedienen sein, für andere jedoch schwer zu knacken sein.

Darüber hinaus ist es wichtig, eine Verschlüsselung in Ihrem Kommunikationssystem zu implementieren. Durch die Verschlüsselung werden die Nachrichten verschlüsselt, sodass nur diejenigen sie lesen können, die über den richtigen Entschlüsselungsschlüssel verfügen. Viele Funksysteme, darunter auch das Baofeng UV-5R, ermöglichen eine grundlegende Verschlüsselung, die eine weitere Sicherheitsebene hinzufügen kann.

Es ist wichtig, wann immer möglich eine Verschlüsselung zu verwenden, insbesondere bei sensibler Kommunikation, um sicherzustellen, dass Ihre Nachrichten nicht von denen abgefangen und verstanden werden können, die keinen Zugriff darauf haben sollten. Um sicherzustellen, dass Nachrichten sicher bleiben, ist es wichtig, Ihr Team im effektiven Einsatz von Verschlüsselungstechniken zu schulen.

Beim Aufbau eines sicheren Kommunikationsnetzwerks ist es wichtig, strenge Protokolle einzuhalten, um das Risiko von Informationslecks zu minimieren. Dazu gehört die Kontrolle des Zugangs zu Kommunikationskanälen und die Sicherstellung, dass nur autorisiertes Personal bestimmte Frequenzen oder Geräte nutzen kann. Jeder Person sollte ein sicheres Funkgerät oder Gerät zugewiesen werden, und nur Personen mit der entsprechenden Schulung und Genehmigung sollten die Ausrüstung bedienen dürfen. Indem Sie den Zugriff beschränken, verringern Sie die Wahrscheinlichkeit, dass Außenstehende die Kontrolle über das Kommunikationssystem erlangen.

Physische Sicherheit ist ebenso wichtig wie digitale Sicherheit. Die Geräte, mit denen Sie kommunizieren, wie z. B. Funkgeräte und Verschlüsselungsgeräte, sollten bei Nichtgebrauch sicher aufbewahrt werden. Alle sensiblen Dokumente oder Informationen sollten an einem sicheren Ort aufbewahrt werden, fern von neugierigen Blicken. Es ist auch ratsam, Verschleierungstechniken anzuwenden, wie etwa das Verstecken von Funkgeräten in sicheren Taschen oder Koffern, um zu verhindern, dass andere sie entdecken und darauf zugreifen können. Darüber hinaus sollten die Mitglieder des Netzwerks vor Ort darin geschult werden, Taktiken anzuwenden, die die Wahrscheinlichkeit einer Entdeckung verringern, z. B. sich heimlich zu bewegen und unauffällig zu bleiben.

Es sollten auch routinemäßige Überprüfungen und Audits des Kommunikationssystems durchgeführt werden, um sicherzustellen, dass es sicher bleibt. Testen Sie die Funkausrüstung regelmäßig, um sicherzustellen, dass sie ordnungsgemäß funktioniert und dass die Verschlüsselungseinstellungen korrekt angewendet werden. Regelmäßige Änderungen an Codes, Frequenzen und sogar Rufzeichen tragen dazu bei, eine Gefährdung des Systems zu verhindern. Im Laufe der Zeit lernen Angreifer möglicherweise, Ihre Nachrichten abzufangen und zu entschlüsseln, wenn Sie diese nicht regelmäßig ändern.

Es ist wichtig, Notfallpläne für potenzielle Sicherheitsverletzungen zu haben. Für den Fall, dass eine Nachricht abgefangen oder ein Mitglied des Netzwerks erfasst wird, sollte es ein etabliertes Protokoll für den Umgang mit der Situation geben. Dazu können vorab vereinbarte Signale oder Backup-Kommunikationssysteme gehören, die zum Schutz der Integrität des Netzwerks beitragen.

Wenn Sie jeden in Ihrer Gruppe darin schulen, ruhig und effizient auf diese Situationen zu reagieren, können Sie Panik reduzieren und den durch einen Verstoß verursachten Schaden minimieren.

Der Aufbau eines sicheren Kommunikationsnetzwerks erfordert eine sorgfältige Planung, klare Rollenzuweisungen und die Verpflichtung zur Wahrung der Vertraulichkeit. Durch den Einsatz verschlüsselter Sprache, Verschlüsselung und sicherer Geräte können Sie sicherstellen, dass Ihre Nachrichten vor unbefugten Zuhörern geschützt sind. Mit den richtigen Protokollen und den richtigen Personen in vertrauenswürdigen Rollen kann Ihre Gruppe selbst in den schwierigsten Überlebensszenarien effektiv und sicher kommunizieren.

Redundanzplanung: Backup-Funkgeräte, Frequenzen und Tools

In jeder Überlebenssituation ist die Zuverlässigkeit Ihres Kommunikationssystems für die Aufrechterhaltung von Sicherheit und Koordination von entscheidender Bedeutung. Wenn Sie sich jedoch auf eine einzige Kommunikationsmethode verlassen, können Sie anfällig sein, wenn diese Methode fehlschlägt. Aus diesem Grund ist es wichtig, mehrere Ausfallsicherungen zu planen, um sicherzustellen, dass Sie im Falle einer Gerätefehlfunktion, Signalstörungen oder anderen Störungen über Backup-Optionen verfügen. Zu einem guten Ausfallsicherheitsplan gehören Ersatzfunkgeräte, alternative Frequenzen und sekundäre Kommunikationsmethoden, um die Kommunikationswege unabhängig von den Umständen offen und sicher zu halten.

Eine der ersten und wichtigsten Sicherheitsmaßnahmen ist die Bereitstellung von Ersatzfunkgeräten. In einer Überlebenssituation könnte Ihr primäres Kommunikationsgerät, wie zum Beispiel das Baofeng-Radio, kaputt gehen, verloren gehen oder die Batterie leer sein. Um dieses Risiko zu mindern, ist es wichtig, zusätzliche Funkgeräte zur Hand zu haben, auf die bei einem Ausfall des Primärgeräts problemlos zugegriffen werden kann. Diese Ersatzradios sollten vom gleichen Modell oder ähnlich genug sein, um die Kompatibilität sicherzustellen. Wenn Sie beispielsweise Baofeng UV-5R-Funkgeräte als primäre Kommunikationsgeräte verwenden, ist es ratsam, zusätzliche Baofeng UV-5R-Funkgeräte bereitzuhalten, um beschädigte oder nicht funktionsfähige Geräte zu ersetzen. Außerdem sollten Sie für jedes Funkgerät Ersatzbatterien bereithalten, damit Sie eine leere Batterie schnell austauschen und die Kommunikation ohne Verzögerung fortsetzen können.

Ein Satz Ersatzradios ist nur ein Teil des Plans. Um die Zuverlässigkeit Ihrer Kommunikation weiter zu erhöhen, sollten Sie diese Funkgeräte an strategischen Standorten platzieren. Wenn Sie in einem Team arbeiten, sollte jedes Teammitglied über ein Ersatzfunkgerät verfügen, das es bei einer Fehlfunktion seines primären Funkgeräts verwenden kann. Wenn Sie alleine unterwegs sind, bewahren Sie Ihre Ersatzradios an leicht zugänglichen Orten auf, wo Sie sie bei Bedarf schnell zur Hand haben. Beispielsweise könnten Sie ein Funkgerät in Ihrem Rucksack, ein anderes in Ihrem Fahrzeug und ein drittes in einem anderen Unterschlupf oder Versteck verstauen. Auf diese Weise haben Sie, egal wo Sie sich befinden, im Bedarfsfall Zugriff auf ein Ersatzradio.

Neben Ersatzfunkgeräten ist die Programmierung alternativer Frequenzen in Ihren Geräten eine weitere wichtige Ausfallsicherheit. Kommunikationssysteme sind häufig Störungen ausgesetzt, sei es durch natürliche Hindernisse,

Signalstörungen oder überfüllte Kanäle. Wenn die von Ihnen aktuell genutzte Frequenz nicht mehr nutzbar ist, ist es wichtig, alternative Frequenzen zur Verfügung zu haben, auf die Sie umschalten können, ohne Zeit mit der Suche nach einem freien Kanal zu verschwenden. Diese alternativen Frequenzen sollten basierend auf Ihrer Betriebsumgebung ausgewählt werden. Wenn Sie sich beispielsweise in einem dicht besiedelten Stadtgebiet befinden, kann es zu Störungen auf bestimmten Frequenzen kommen, die von örtlichen Unternehmen oder Rettungsdiensten genutzt werden. In diesem Fall wäre es von Vorteil, über eine Reihe weniger häufig genutzter Frequenzen zu verfügen, bei denen die Wahrscheinlichkeit einer Überlastung oder Störung geringer ist.

Wenn Sie diese alternativen Frequenzen im Voraus in Ihre Funkgeräte programmieren, stellen Sie sicher, dass Sie bei Bedarf jederzeit umschalten können. Es empfiehlt sich, jedem Mitglied Ihres Teams eine bestimmte Frequenz zuzuweisen, damit

Sie schnell erkennen können, wer auf welchem Kanal kommuniziert. Wenn jemandes primäre Frequenz nicht mehr nutzbar ist, kann er ohne lange Suche sofort auf seine Backup-Frequenz umschalten. Durch die Planung und Programmierung mehrerer Frequenzen schaffen Sie ein flexibles System, das sich an Veränderungen in der Umgebung anpassen kann und sicherstellt, dass Sie in jeder Situation die Kommunikation aufrechterhalten.

Eine weitere zu berücksichtigende Ausfallsicherheit sind sekundäre Kommunikationsmethoden. Obwohl Funkgeräte ein ausgezeichnetes primäres Kommunikationsmittel sind, sind sie auf Batteriestrom und die Verfügbarkeit von Frequenzen angewiesen, die manchmal unterbrochen oder überlastet sein können. In manchen Fällen kann es je nach Ihren spezifischen Bedürfnissen und Ihrer Umgebung sinnvoll sein, über alternative Kommunikationsmethoden wie Satellitentelefone, Signalfackeln oder sogar physische Boten wie Läufer zu verfügen. Satellitentelefone können beispielsweise verwendet werden, wenn Funkkommunikation keine Option ist, insbesondere in abgelegenen Gebieten, in denen kein Mobilfunknetz verfügbar ist. Obwohl Satellitentelefone teurer sind und ihre eigenen Einschränkungen haben, bieten sie eine unverzichtbare Absicherung, wenn alle anderen Kommunikationsmethoden ausfallen.

Ebenso kann die Verwendung visueller Signale wie Spiegel oder Taschenlampen für die Kommunikation über kurze Entfernungen nützlich sein, wenn Funkgeräte nicht verfügbar sind oder die Gefahr besteht, dass sie abgehört werden. Diese Methoden können Ihnen helfen, über größere Entfernungen zu kommunizieren, ohne auf Elektronik angewiesen zu sein. Morsecode zum Beispiel kann durch Lichtsignale übertragen werden und wird von vielen Menschen verstanden, die das System erlernt haben. Sie können Teammitgliedern ein paar einfache visuelle Signale beibringen, um grundlegende Nachrichten zu übermitteln, z. B. einen Notruf oder eine Standortmarkierung.

In einigen Extremsituationen möchten Sie möglicherweise sogar physische Boten einplanen, die Nachrichten zwischen Teams übermitteln, wenn eine elektronische Kommunikation nicht möglich ist. Dabei kann es sich um Läufer oder Radfahrer handeln, die je nach Gelände und Distanz Nachrichten zu Fuß oder mit dem Fahrrad überbringen. Diese Backup-Kommunikationsmethode ist besonders nützlich, wenn Sie sich in einem Gebiet mit schlechtem Signalempfang befinden oder wenn Sie detaillierte Informationen senden müssen, die nicht über Funk oder andere Geräte übertragen werden können.

Ein weiterer entscheidender Aspekt der ausfallsicheren Planung ist die regelmäßige Prüfung und Wartung aller Kommunikationsgeräte. Es reicht theoretisch nicht aus, nur Ersatzfunkgeräte und alternative Methoden zu haben; Sie müssen sicherstellen, dass diese Tools funktionsfähig und einsatzbereit sind. Überprüfen Sie regelmäßig den Zustand Ihrer Funkgeräte, Ersatzbatterien und sekundären Kommunikationsgeräte, um sicherzustellen, dass sie funktionstüchtig sind. Testen Sie Ihre Funkgeräte auf alternativen Frequenzen, um sicherzustellen, dass sie ordnungsgemäß funktionieren und Sie problemlos zwischen den Kanälen wechseln können. Testen Sie Ihre Satellitentelefone, Signalfackeln und alle anderen sekundären Kommunikationsgeräte, um sicherzustellen, dass sie betriebsbereit sind.

Neben dem Testen der Ausrüstung ist es wichtig, Ihre Kommunikationsprotokolle mit Ihrem Team zu üben. Dazu gehört das Üben des Umschaltens auf Ersatzfunkgeräte, der Verwendung alternativer Frequenzen und der Verwendung sekundärer Kommunikationsmethoden, wenn das primäre System ausfällt. Durch das Üben dieser Verfahren wird sichergestellt, dass jeder weiß, was im Falle eines Kommunikationsfehlers zu tun ist, und schnell und ohne Verwirrung oder Panik handeln kann. Simulierte Übungen können Ihnen und Ihrem Team dabei helfen, sich darauf vorzubereiten, bei Bedarf reibungslos auf Backup-Methoden umzusteigen.

Die Schaffung einer klaren Kommunikationshierarchie ist ein wichtiger Aspekt einer ausfallsicheren Planung. Für den Fall, dass mehrere Kommunikationsmethoden versagen, ist es wichtig, einen vorab festgelegten Plan zur Eskalation der Situation zu haben. Dies kann bedeuten, dass man sich auf eine höhere Ebene begibt, um die Stärke des Funksignals zu verbessern, oder einen Läufer zu einem bestimmten Treffpunkt schickt, um weitere Anweisungen zu erhalten. Indem Sie diese Notfallmaßnahmen im Voraus planen, verringern Sie das Risiko von Missverständnissen oder Verwirrung, wenn die Zeit entscheidend ist.

Die Planung mehrerer Ausfallsicherungen für die Kommunikation ist ein entscheidender Aspekt der Überlebensvorsorge. Durch die Bereitstellung von Ersatzfunkgeräten, alternativen Frequenzen und sekundären Kommunikationsmethoden stellen Sie sicher, dass Ihr Team auch bei Geräteausfällen oder Störungen verbunden bleibt. Regelmäßige Wartung, Tests und das Üben dieser ausfallsicheren Strategien machen sie effektiver, wenn Sie sie am meisten brauchen. Mit einem gut durchdachten Kommunikationsplan können Sie in Verbindung bleiben und die Koordination aufrechterhalten, egal welche Hindernisse auftauchen.

Einsatz von Relais und Repeatern zur strategischen Reichweitenerweiterung

In Überlebens- oder Krisensituationen ist die Gewährleistung einer zuverlässigen Kommunikation über ein großes Gebiet von entscheidender Bedeutung, insbesondere beim Einsatz in unwegsamem Gelände, wo die Signale durch Berge, dichte Wälder oder andere natürliche Barrieren behindert werden können. Eine effektive Möglichkeit, die Signalreichweite zu erhöhen und die Kommunikationsmöglichkeiten zu erweitern, ist der Einsatz von Team-Relais und Repeatern. Durch die strategische Platzierung dieser Geräte können Sie die effektive Reichweite Ihrer Funkgeräte erhöhen und so eine bessere Koordination und sicherere Abläufe für Ihr Team ermöglichen.

Bei einem Team-Relay-System werden mehrere Personen oder Teams eingesetzt, um Nachrichten von einem Standort an einen anderen weiterzuleiten, wodurch die Kommunikationsreichweite effektiv erweitert wird, ohne auf ein einziges Funkgerät angewiesen zu sein. Bei dieser Methode sendet jedes Teammitglied oder jede Relaisstation an die nächste Person im System. Wenn sich eine Einzelperson oder ein Team außerhalb der Reichweite befindet oder nicht in der

Lage ist, direkt zu kommunizieren, können sie auf diese Weise ihre Nachricht dennoch über eine Relaiskette senden und so sicherstellen, dass die Nachricht ihr Ziel erreicht.

Der Einsatz von Relais erfordert jedoch eine sorgfältige Planung. Teammitglieder müssen an Orten positioniert werden, an denen sie effektiv miteinander kommunizieren können. Wenn Ihr Team beispielsweise über ein großes Gebiet verteilt ist, kann die Positionierung auf erhöhten Punkten wie Hügeln oder hohen Gebäuden dabei helfen, eine klare Sichtlinie für die Kommunikation aufrechtzuerhalten. Jeder Relaispunkt sollte in der Lage sein, mindestens zwei andere Punkte zu erreichen und so ein Netzwerk zu schaffen, das sicherstellt, dass die Kommunikation auch dann aufrechterhalten werden kann, wenn eine Verbindung ausfällt. Diese Methode ist effektiv, wenn das Gelände die direkte Kommunikationsreichweite einschränkt, da sie die

Positionen der Relaisstationen nutzt, um die Nachricht über die Landschaft zu übertragen.

In manchen Fällen ist das Gelände möglicherweise zu schwierig, als dass ein Relaissystem effektiv wäre, oder die Entfernungen könnten zu groß sein, als dass Einzelpersonen ohne Hilfe kommunizieren könnten. Hier kommen Repeater ins Spiel. Ein Repeater ist ein Gerät, das ein Funksignal empfängt, es verstärkt und weitersendet und so die Reichweite des Signals erweitert. Repeater sind besonders nützlich in Bereichen, in denen die direkte Kommunikation durch Hindernisse blockiert wäre oder in denen die Entfernung die Leistung der verwendeten Funkgeräte übersteigt.

Um einen Repeater einzurichten, müssen Sie zunächst verstehen, wie er funktioniert. Ein Repeater empfängt Signale auf einer Frequenz (Eingangsfrequenz) und sendet sie auf einer anderen Frequenz (Ausgangsfrequenz) weiter, häufig mit einer höheren Leistung. Dies trägt dazu bei, das

Signal zu verstärken, sodass es größere Entfernungen zurücklegen kann. Um ihre Wirksamkeit zu maximieren, werden Repeater typischerweise in erhöhten Bereichen wie Berggipfeln, hohen Türmen oder hohen Gebäuden platziert. Das Ziel besteht darin, sicherzustellen, dass der Repeater sowohl das sendende als auch das empfangende Funkgerät „sehen" kann, sodass er die Nachricht ohne Störungen weiterleiten kann.

Wenn Sie überlegen, wann und wie Sie ein tragbares Repeater-Setup aufbauen, ist es wichtig, die Umgebung und die spezifischen Anforderungen Ihres Kommunikationsnetzwerks einzuschätzen. Wenn Sie beispielsweise in einem abgelegenen Gebiet oder auf einer Langstreckenexpedition tätig sind, haben Sie möglicherweise keinen Zugriff auf die etablierte Repeater-Infrastruktur. In solchen Situationen kann der Bau eines tragbaren Repeaters eine hervorragende Lösung sein.

Ein tragbares Repeater-Setup besteht normalerweise aus drei Schlüsselkomponenten: einem Funkgerät, einem Repeater-Gerät und einer Stromquelle. Das Funkgerät dient zum Empfangen von Signalen, während der Repeater sie verstärkt und weitersendet. Die Stromquelle ist von entscheidender Bedeutung, insbesondere wenn Sie sich an einem Ort befinden, an dem es keine Stromversorgung in der Nähe gibt. Sonnenkollektoren, wiederaufladbare Batterien oder tragbare Generatoren können den nötigen Strom liefern, um den Repeater am Laufen zu halten.

Beim Bau eines tragbaren Repeaters muss die Ausrüstung so eingerichtet werden, dass die Reichweite maximiert wird und gleichzeitig einfach zu transportieren und einzusetzen ist. Wählen Sie zunächst ein geeignetes Funkgerät aus, das die Repeater-Funktionalität unterstützt. Viele Baofeng-Radios können beispielsweise für den Betrieb mit Repeatern konfiguriert werden, indem die Eingangs- und Ausgangsfrequenzen an die des

Repeaters angepasst werden. Sobald das Radio eingestellt ist, müssen Sie ein Repeater-Gerät auswählen. Diese Geräte sind in verschiedenen Größen und Konfigurationen erhältlich, von kleinen Handmodellen bis hin zu größeren Setups, die montiert werden müssen. Ein Hand-Repeater kann eine gute Wahl für eine tragbare Einrichtung sein, da er leicht zu transportieren und an verschiedenen Orten einzusetzen ist.

Der nächste Schritt besteht darin, den Repeater in einem Bereich mit freier Sichtlinie zu positionieren, um seine Signalstärke zu maximieren. Wenn Sie sich in einem Gebiet mit Hügeln oder anderen Hindernissen befinden, sollten Sie erwägen, den Repeater auf einem hohen Punkt wie einem Bergrücken oder einer Hügelkuppe zu platzieren, um sicherzustellen, dass er eine möglichst große Distanz zurücklegen kann. Sie können auch Stative oder andere stabile Plattformen verwenden, um das Repeater-Gerät und das Funkgerät sicher zu befestigen. In abgelegenen Gebieten oder in der

Wildnis müssen Sie möglicherweise das Gewicht und die Tragbarkeit Ihres Setups berücksichtigen und dabei die Notwendigkeit einer Reichweite mit einem einfachen Transport in Einklang bringen.

Die Stromversorgung des tragbaren Repeaters kann einer der anspruchsvollsten Aspekte der Einrichtung sein. Je nach Gelände und Standort kann der Zugang zu herkömmlichen Stromquellen eingeschränkt sein. In diesen Fällen sind Solarmodule oder Batteriepacks ideale Lösungen. Sonnenkollektoren sind besonders in sonnigen Gegenden nützlich, da sie die Batterien tagsüber kontinuierlich aufladen können und so sicherstellen, dass der Repeater auch über längere Zeiträume betriebsbereit bleibt. Wenn Solarenergie nicht in Frage kommt, stellen Sie sicher, dass die Batteriekapazität ausreicht, um den Repeater mehrere Stunden lang zu betreiben. Es ist wichtig, den Energiestand zu überwachen und einen Plan zum Aufladen oder Ersetzen der Batterien zu haben, wenn diese schwach werden.

Sobald Ihr tragbarer Repeater eingerichtet und in Betrieb ist, ist es wichtig, die Signalreichweite zu testen und sicherzustellen, dass er die benötigte Abdeckung bietet. Gehen Sie innerhalb der erwarteten Reichweite zu verschiedenen Orten und prüfen Sie, ob der Repeater das Signal erfolgreich verstärkt. Wenn es Bereiche mit schlechter Abdeckung gibt, passen Sie die Position des Repeaters an oder erwägen Sie die Hinzufügung zusätzlicher Relaisstationen, um das Kommunikationsnetzwerk zu erweitern.

Obwohl Repeater und Relais leistungsstarke Werkzeuge zur Erweiterung der Reichweite Ihrer Kommunikation sind, gibt es einige Überlegungen, die Sie beachten sollten. Zum einen erfordert die Verwendung eines Repeaters eine Koordination zwischen den Teammitgliedern, da diese wissen müssen, welche Frequenzen sie verwenden und wie sie auf den Repeater zugreifen können. Darüber hinaus erfordert die Verwendung von Repeatern möglicherweise mehr Strom, und Sie müssen sicherstellen, dass Sie über genügend Energieressourcen verfügen, um sie funktionsfähig zu halten.

Auch Repeater können anfällig für Störungen sein. In stark überlasteten Gebieten oder während einer Krise versuchen andere Benutzer möglicherweise, auf derselben Frequenz zu senden, was zu Signalüberlappungen oder Störungen führen kann. Um dies zu vermeiden, ist es hilfreich, mehrere Frequenzen und Kommunikationsprotokolle zu planen, damit Sie bei Störungen schnell wechseln können.

Insgesamt ist der Einsatz von Team-Relais und Repeatern zur Erhöhung der Signalreichweite eine wirksame Methode zur Gewährleistung einer zuverlässigen Kommunikation in schwierigem Gelände. Durch den Aufbau eines tragbaren Repeater-Setups können Sie Ihre Kommunikationsmöglichkeiten erweitern, selbst in abgelegenen oder anspruchsvollen Umgebungen. Indem Sie Ihre Einrichtung sorgfältig planen, zuverlässige Geräte verwenden und Stromquellen berücksichtigen, können Sie ein robustes Kommunikationsnetzwerk aufbauen, das Ihr Team in jeder Situation verbunden und einsatzbereit hält.

Kapitel 5

Einsatz in realen Krisenszenarien

In realen Krisenszenarien kann die Fähigkeit zur effektiven Kommunikation den Unterschied zwischen Sicherheit und Gefahr ausmachen. Ganz gleich, ob es sich um eine Naturkatastrophe, zivile Unruhen oder eine Überlebenssituation handelt: Zuverlässige Kommunikationsnetzwerke sind für die Koordinierung von Bemühungen, die Gewährleistung der Sicherheit und die Aufrechterhaltung des Situationsbewusstseins unerlässlich. In diesem Kapitel erfahren Sie, wie Sie Ihr Baofeng-Funksystem in unvorhersehbaren Umgebungen anpassen und verwenden. Dabei liegt der Schwerpunkt auf Schlüsselstrategien und -techniken, um sicherzustellen, dass Sie die Kommunikation auch in den schwierigsten und risikoreichsten Situationen aufrechterhalten können. Von der Bewältigung von Stromausfällen über die Bewältigung von Störungen bis hin zur Sicherung Ihrer Übertragungen decken wir alle notwendigen Tools und Methoden für einen effektiven Betrieb ab, wenn es darauf ankommt.

Einsatz von Funkgeräten bei Stromausfällen, Netzausfällen und Naturkatastrophen

In Krisenzeiten ist die Kommunikation von entscheidender Bedeutung, dennoch können herkömmliche Systeme wie Mobiltelefone, Festnetz- und Internetverbindungen aufgrund von Stromausfällen, Schäden an der Infrastruktur oder anderen Störungen ausfallen. Funkgeräte, insbesondere Handgeräte wie das Baofeng UV-5R, bieten in diesen Situationen eine effektive und belastbare Alternative. Im Folgenden finden Sie mehrere Szenarien, in denen Funkgeräte hervorragende Leistungen erbringen, und wie Sie sie effektiv nutzen können, wenn alle anderen Kommunikationsoptionen versagen.

Eines der häufigsten Szenarios, in denen Radios leuchten, sind Hurrikane oder andere Unwetter. Hurrikane können große Schäden an Stromleitungen, Kommunikationstürmen und Mobilfunknetzen verursachen und traditionelle Kommunikationsmethoden unbrauchbar machen. Nach einem Hurrikan, bei dem Straßen blockiert sind und Rettungsteams möglicherweise verspätet sind, bieten Funkgeräte eine zuverlässige Möglichkeit, über kurze oder lange Distanzen zu kommunizieren. Der entscheidende Vorteil hierbei ist die Fähigkeit der Funkgeräte, unabhängig vom Stromnetz zu arbeiten. Selbst wenn der Strom ausfällt, funktionieren Handfunkgeräte weiterhin, sofern sie aufgeladen sind oder über Batterien verfügen.

Um Funkgeräte bei einem Hurrikan oder einer ähnlichen Katastrophe effektiv nutzen zu können, ist es wichtig, sich im Voraus vorzubereiten. Bevor ein Sturm zuschlägt, programmieren Sie Ihr Funkgerät mit Notfallfrequenzen, z. B. NOAA-Wetterkanälen, die Echtzeit-Updates zu Wetterbedingungen und Evakuierungsbefehlen liefern. Bewahren Sie das Funkgerät an einem sicheren, leicht zugänglichen Ort auf und stellen Sie sicher, dass alle Teammitglieder oder Familienmitglieder mit der Bedienung vertraut sind. Achten Sie in einer Krise auf wichtige Aktualisierungen zum Fortschreiten des Sturms, zu sicheren Evakuierungswegen oder zu anderen wichtigen Informationen. In Gebieten, in denen Mobilfunkmasten ausgefallen sind, können Funkgeräte zur Kommunikation mit anderen Überlebenden oder örtlichen Notfallhelfern eingesetzt werden und so eine wichtige Verbindung darstellen, wenn keine anderen Kommunikationsnetze vorhanden sind.

Ein weiteres Szenario, in dem Funkgeräte unverzichtbar sind, ist der Fall eines elektromagnetischen Impulses (EMP). Ein EMP ist ein Ausbruch elektromagnetischer Strahlung, der elektrische und elektronische Geräte stören oder zerstören kann. Im Falle eines groß angelegten EMP-Angriffs oder einer Sonneneruption werden moderne Kommunikationssysteme wie Mobiltelefone, Internet und Satellitentelefone wahrscheinlich außer Betrieb gesetzt. Im Gegensatz dazu sind viele Funkgeräte, darunter das Baofeng UV-5R, so konzipiert, dass sie unabhängig vom Stromnetz funktionieren und häufig gegen bestimmte Formen von EMP-Störungen abgeschirmt sind, was sie zu einem überlebenswichtigen Werkzeug macht.

Um sich auf eine EMP-Veranstaltung vorzubereiten, ist es wichtig, über einen Vorrat an Funkgeräten zu verfügen, die sowohl funktionsfähig als auch leicht zu transportieren sind. Stellen Sie sicher, dass diese Funkgeräte in einer Faraday-Tasche oder einem

Faraday-Behälter aufbewahrt werden, der sie vor elektromagnetischer Strahlung schützt. Wenn ein EMP auftritt, besteht die erste Priorität darin, die Funktionalität Ihres Radios zu überprüfen. Achten Sie auf Notruffrequenzen und Nachrichtensendungen. Abhängig von der Reichweite und Leistung Ihres Funkgeräts können Sie möglicherweise mit anderen Überlebenden oder Rettungsteams kommunizieren. In diesem Fall ist es auch ratsam, über eine sekundäre Stromquelle für Ihre Radios zu verfügen, z. B. ein Solarladegerät oder einen Handkurbelgenerator, um sicherzustellen, dass Sie sie über einen längeren Zeitraum betriebsbereit halten.

Bürgerunruhen sind eine weitere Situation, in der Radios eine entscheidende Rolle spielen. In Zeiten politischer oder sozialer Unruhen können Regierungen Kommunikationsnetzwerke schließen, um die Verbreitung von Informationen zu verhindern oder die Kontrolle zu behalten. In einer solchen Situation ermöglichen Funkgeräte

Einzelpersonen und Gruppen, die Kommunikation aufrechtzuerhalten, ohne auf eine zentrale Infrastruktur angewiesen zu sein. Ganz gleich, ob es sich um einen Protest, einen Aufstand oder einen völligen Zusammenbruch von Recht und Ordnung handelt, Radios bieten eine dezentrale Kommunikationsmethode, die sicherstellt, dass Menschen Informationen austauschen und koordiniert bleiben können.

Bei zivilen Unruhen ist es wichtig, die Funkdisziplin aufrechtzuerhalten, um einer Entdeckung zu entgehen. Viele Funkgeräte, darunter auch das Baofeng UV-5R, verfügen über die Möglichkeit, zwischen verschiedenen Frequenzen umzuschalten, sodass Sie Störungen oder Abhören vermeiden können. Die Einrichtung eines sicheren Kommunikationssystems mit vertrauenswürdigen Personen kann dazu beitragen, das Risiko einer Entdeckung durch Unbefugte zu verringern. Verwenden Sie verschlüsselte oder codierte Nachrichten, richten Sie Rufzeichen ein und wahren Sie Funkstille, wenn Sie nicht senden, um keine Aufmerksamkeit zu erregen. Halten Sie die Kommunikation außerdem kurz und auf den Punkt. In diesem Zusammenhang kann die Fähigkeit, schnell und diskret Informationen über die Lage von Gefahren oder sicheren Zonen weiterzugeben, den entscheidenden Unterschied machen.

In jedem dieser Szenarien gibt es Schlüsselstrategien, die dabei helfen können, die Effektivität Ihres Funkgeräts zu maximieren, wenn alles andere versagt. Stellen Sie zunächst sicher, dass Sie das Radio regelmäßig testen, um sicherzustellen, dass es ordnungsgemäß funktioniert, insbesondere vor bekannten Notfällen oder Katastrophen. Informieren Sie sich und Ihre Gruppenmitglieder nicht nur über die Vorbereitung Ihres Funkgeräts, sondern auch über Funketikette und Kommunikationsprotokolle. Dadurch wird sichergestellt, dass Ihre Botschaften klar und prägnant sind, was besonders wichtig ist, wenn die

Zeit drängt. Einfache Formulierungen wie „over",
um das Ende einer Übertragung anzuzeigen, oder
„copy", um zu bestätigen, dass eine Nachricht
empfangen wurde, sind für eine effektive
Kommunikation unerlässlich. Ein vordefiniertes
System von Codewörtern oder -phrasen kann auch
eine zusätzliche Sicherheitsebene bieten,
insbesondere in Situationen, in denen Sie den Inhalt
der Kommunikation vertraulich halten möchten.

Beim Einsatz von Funkgeräten in solchen Notfällen
ist es wichtig, Strom zu sparen. Funkgeräte, deren
Akku fast leer ist, können möglicherweise nicht
über große Entfernungen senden. Daher ist ein
sparsamer Umgang mit ihnen unerlässlich. Erwägen
Sie die Verwendung eines solarbetriebenen
Ladegeräts oder eines Handkurbel-Ladegeräts, um
Ihr Radio betriebsbereit zu halten. Wenn Sie das
Radio nicht verwenden, schalten Sie es aus, um die
Batterielebensdauer zu verlängern. Eine weitere
nützliche Taktik besteht darin, Notfrequenzen zu
überwachen, anstatt zu senden, es sei denn, dies ist

unbedingt erforderlich. Das Abhören von Wetteraktualisierungen, Notfallwarnungen oder allgemeinen Informationen kann wertvolle Einblicke in das Geschehen in der breiteren Gemeinschaft liefern.

Ein weiterer wichtiger Faktor besteht darin, die Grenzen Ihres Radios zu verstehen. Obwohl das Baofeng UV-5R ein leistungsstarkes und vielseitiges Funkgerät ist, weist es gewisse Einschränkungen auf, insbesondere wenn es um die Reichweite geht. Je nach Gelände, Gebäuden oder Hindernissen sendet das Funkgerät möglicherweise nur über eine begrenzte Entfernung effektiv. In manchen Situationen kann ein Repeater oder ein Relaissystem erforderlich sein, um die Kommunikationsreichweite zu erweitern. Wenn Sie sich dieser Einschränkungen bewusst sind und über Notfallpläne zur Erweiterung der Kommunikationsreichweite verfügen, können Sie Ihr Funkgerät in jeder Krisensituation optimal nutzen.

Zusammenfassend lässt sich sagen, dass Funkgeräte wie das Baofeng UV-5R in Krisenzeiten von unschätzbarem Wert sind, insbesondere in Situationen, in denen andere Kommunikationsformen versagen. Ganz gleich, ob es sich um einen Hurrikan, ein EMP oder zivile Unruhen handelt, Funkgeräte bieten eine zuverlässige und robuste Kommunikationsmethode, die unabhängig von der herkömmlichen Infrastruktur ist. Indem Sie sich im Voraus vorbereiten, Notfallfrequenzen programmieren und gute Kommunikationsprotokolle anwenden, können Sie sicherstellen, dass Sie und Ihre Gruppe in Verbindung bleiben und informiert bleiben, wenn alle anderen Optionen versagen. Mit diesen Funkgeräten können Sie effizient arbeiten, Ihre Bemühungen koordinieren und Ihre Sicherheit in den anspruchsvollsten Umgebungen gewährleisten.

Koordination von Bewegung, Check-ins und Rettung per Funk

In einer Krisensituation ist die Gewährleistung einer effektiven Teamkommunikation einer der wichtigsten Aspekte zur Aufrechterhaltung von Sicherheit und Organisation. Der Einsatz taktischer Funkkommunikation kann bei der Organisation von Teambewegungen, der Festlegung von Check-in-Zeiten und dem Rufen um Hilfe äußerst hilfreich sein. Indem Sie bestimmte Strategien und Protokolle befolgen, können Sie sicherstellen, dass Ihre Gruppe koordiniert, informiert und sicher bleibt, während sie sich durch ein herausforderndes Umfeld bewegt. Hier sind einige Strategien zur Verwaltung von Teambewegungen und zur effektiven Koordinierung mithilfe taktischer Funkkommunikation.

Die Organisation von Teambewegungen erfordert zunächst eine klare, präzise Kommunikation und Planung. Wenn ein Team unterwegs ist, sei es beim

Navigieren durch städtische Umgebungen, die Wildnis oder anderes anspruchsvolles Gelände, kann es ohne angemessene Kommunikation schwierig sein, die Bewegung zu koordinieren. Es ist wichtig, für jede Phase der Bewegung klare Ziele festzulegen. Erstellen Sie vor jeder Operation einen definierten Plan, der Zielpunkte, Kontrollpunkte und Zeitplanung umfasst. Dieser Plan sollte allen Mitgliedern mitgeteilt werden, damit alle auf dem gleichen Stand sind.

Stellen Sie während des Vorgangs sicher, dass jedes Mitglied seine Rolle versteht. Dazu gehört zu wissen, wo man sich im Falle einer Trennung treffen kann, wie man mit unerwarteten Hindernissen umgeht und wann man bei Bedarf um Unterstützung ruft. Es ist wichtig sicherzustellen, dass jedes Teammitglied über ein funktionsfähiges Funkgerät mit vorprogrammierten Kanälen für Notfallsituationen verfügt. Diese Kanäle sollten regelmäßig getestet werden, um sicherzustellen, dass sie über die erforderlichen Entfernungen funktionieren. Wenn sich Teammitglieder durch die Umgebung bewegen, stellen Sie sicher, dass wichtige Informationen, wie z. B. Standortänderungen oder potenzielle Bedrohungen, schnell und direkt über Funk übermittelt werden. Durch kurze und klare Übertragungen wird sichergestellt, dass jeder schnell und ohne Verwirrung hören und antworten kann.

Wenn es um Check-in-Zeiten geht, ist die Erstellung eines Zeitplans für regelmäßige Funkkontrollen unerlässlich. Durch Check-Ins können Teammitglieder bestätigen, dass sie auf dem richtigen Weg sind, und bieten die Möglichkeit, wichtige Updates weiterzugeben. Durch die Festlegung regelmäßiger Check-in-Zeiten, sei es alle 30 Minuten, stündlich oder in anderen vorgegebenen Abständen, wird sichergestellt, dass alle in Verbindung bleiben. Es ist wichtig, die Check-in-Häufigkeit vor der Abreise festzulegen. Wenn ein Teammitglied den Check-in verpasst, ist das sofort ein Zeichen dafür, dass etwas nicht stimmt, und die Gruppe kann den Plan schnell anpassen.

Der Check-in-Prozess sollte standardisiert sein und ein einfaches Format haben, das eine schnelle Kommunikation ermöglicht. Beispielsweise sollte die Person, die zum Check-in anruft, zunächst ihr Rufzeichen angeben, dann den Ort oder den Kontrollpunkt angeben, an dem sie vorbeikommt, und dann fragen, ob sich andere Personen in Position befinden. Jedes Teammitglied sollte mit seinem eigenen Standort und allen relevanten Informationen über seinen Status oder seine Umgebung antworten. Eine zuverlässige Check-in-Methode ermöglicht es jedem, auf dem Laufenden zu bleiben, ohne die Funkgeräte mit unnötigem Geschwätz zu überfordern.

Im Notfall ist der Hilferuf per Funk ein wesentlicher Faktor für die Sicherheit aller. Die Fähigkeit, umgehend Hilfe anzufordern, kann in einer Lebens- oder Todessituation einen erheblichen Unterschied machen. Der Schlüssel zum Hilferuf liegt darin, sicherzustellen, dass die Nachricht klar und dringend ist und gleichzeitig die Funkdisziplin aufrechtzuerhalten. Nutzen Sie, sofern verfügbar, eine festgelegte Notruffrequenz für Hilferufe, damit diese sich von der regulären Kommunikation abheben. Wenn Sie um Hilfe rufen, geben Sie Ihren Standort immer so genau wie möglich an, einschließlich aller Orientierungspunkte oder geografischen Details, die Rettern helfen können, Ihre Position zu bestimmen.

Neben dem Hilferuf ist es wichtig, den Umgang mit Notsignalen zu üben. Hierbei kann es sich um vorab vereinbarte Codes oder Phrasen handeln, die den Teammitgliedern mitteilen, dass ein unmittelbares Problem vorliegt, ohne zu viele Informationen über Funk zu verbreiten. Beispielsweise kann ein Notfallcodewort auf einen medizinischen Notfall, einen Hinterhalt oder andere kritische Situationen hinweisen. Dies minimiert die Wahrscheinlichkeit, dass sensible Informationen potenziellen

Bedrohungen oder Gegnern preisgegeben werden, und stellt gleichzeitig sicher, dass Ihre Gruppe den Ernst der Situation kennt. Verwenden Sie diese Notsignale nur in tatsächlichen Notfällen, um Verwirrung zu vermeiden.

Einer der wichtigsten Aspekte der taktischen Funkkommunikation ist die Aufrechterhaltung der Betriebssicherheit. Das bedeutet, dass Sie sicherstellen müssen, dass Ihre Funkkommunikation sicher ist und dass der Feind oder unbeabsichtigte Zuhörer sensible Informationen nicht mithören können. Nutzen Sie dazu verschlüsselte Frequenzen oder Codes, die nur Ihr Team versteht. Ändern Sie regelmäßig Codes oder Frequenzen, um ein Abhören zu verhindern. Üben Sie außerdem gute Funketikette, indem Sie die Übertragungen kurz und prägnant halten, um das Risiko zu verringern, zu viel preiszugeben. Die Verwendung von Rufzeichen und die Vermeidung direkter persönlicher Identifikatoren können dazu beitragen, dieses Sicherheitsniveau aufrechtzuerhalten.

Denken Sie zusätzlich zu diesen Strategien daran, wie wichtig es ist, Strom zu sparen. In einem Überlebensszenario sind Funkgeräte unverzichtbare Werkzeuge, die so lange wie möglich funktionsfähig bleiben müssen. Wenn Sie nicht aktiv kommunizieren, ist es daher eine gute Idee, das Radio auszuschalten oder auf eine Energiespareinstellung umzustellen. Ermutigen Sie die Teammitglieder, die Nutzung des Funkgeräts auf die unbedingt erforderliche Kommunikation zu beschränken, insbesondere wenn Sie sich in einer Situation befinden, in der Sie möglicherweise für längere Zeit abgeschnitten sind.

Eine weitere hilfreiche Taktik zur Organisation von Teambewegungen besteht darin, klare Rollen für die Teammitglieder festzulegen. Weisen Sie bestimmte Aufgaben zu, z. B. „Späherführer", „Navigator", „Sicherheitsbeauftragter" oder „Funker". Der Funker wäre beispielsweise dafür verantwortlich, die Kommunikationsleitungen mit dem Team offen zu halten, sicherzustellen, dass die Check-ins pünktlich erfolgen, und bei Bedarf Hilfe anzurufen. Durch die Zuweisung klarer Rollen kennt jedes Mitglied seine Verantwortlichkeiten und kann sich auf seine Aufgaben konzentrieren, während sich andere auf ihre eigenen konzentrieren. Es stellt außerdem sicher, dass es jemanden gibt, der sich speziell mit der Kommunikation befasst.

Erwägen Sie die Einführung eines Relaissystems in größeren Gruppen. Wenn die Gruppe über ein weites Gebiet verteilt ist, kann die Kommunikation aufgrund der Entfernung oder des Geländes schwierig werden. Der Einsatz von Relays, bei denen ein Teammitglied Nachrichten zwischen zwei oder mehr Teams weiterleitet, kann dabei helfen, den Kontakt aufrechtzuerhalten. Dies ermöglicht es Einzelpersonen auch, Aktualisierungen und Bitten um Hilfe oder Verstärkung weiterzugeben.

Auch die taktische Funkkommunikation kann durch regelmäßiges Üben verbessert werden. Durch regelmäßige Übungen, bei denen jeder das Einrichten seiner Funkgeräte, das Einchecken und das Rufen um Hilfe übt, kann sichergestellt werden, dass jeder mit der Ausrüstung und den Verfahren vertraut ist, wenn es an der Zeit ist, die Funkgeräte in einem realen Szenario zu verwenden. Es ist wichtig, dass das Team versteht, wie wichtig es ist, insbesondere in Stresssituationen Ruhe zu bewahren und sich an die Kommunikationsprotokolle zu halten.

Die Fähigkeit, Teambewegungen zu organisieren, Check-in-Zeiten festzulegen und mithilfe taktischer Funkkommunikation effektiv Hilfe zu rufen, ist in jeder Krisensituation von entscheidender Bedeutung. Durch die Festlegung klarer Kommunikationsverfahren und deren regelmäßiges Einüben können die Teammitglieder vor Ort vernetzt, sicher und organisiert bleiben. Richtige Planung, klar definierte Rollen und ein Schwerpunkt auf Betriebssicherheit stellen sicher, dass Ihre Funkkommunikation auch in den anspruchsvollsten Umgebungen effizient und sicher bleibt.

Verdeckt bleiben: Funkstille, Kurzzeitübertragung und Signalverstecken

Die Wahrung der Tarnung bei der Nutzung der Funkkommunikation ist ein entscheidender Faktor, um in Überlebenssituationen oder bei sensiblen Einsätzen sicher und unentdeckt zu bleiben. Wenn Menschen versuchen, der Ortung durch feindliche Gruppen, Ortungstechnologien oder Überwachungssysteme zu entgehen, ist jedes Signal wichtig. Die Art und Weise, wie ein Funkgerät verwendet wird, kann entweder das Team schützen oder seine Position preisgeben. Aus diesem Grund erfordert die verdeckte Kommunikation mit Funkgeräten, insbesondere mit Handfunkgeräten wie dem Baofeng UV-5R, sorgfältige Planung, geschickten Einsatz und disziplinierte

Gewohnheiten. Um verborgen zu bleiben und dennoch effektiv zu kommunizieren, ist es wichtig zu verstehen, wie man kurze Übertragungen nutzt, vorhersehbare Signalmuster vermeidet und Frequenzen richtig rotiert.

Eine der ersten und wichtigsten Praktiken bei der Stealth-Funkkommunikation besteht darin, die Übertragungen kurz zu halten. Je länger eine Person die Sendetaste gedrückt hält, desto länger kann ihr Standort von jemandem ermittelt werden, der Signalverfolgungsgeräte verwendet. Kurze Übertragungen verkürzen die Zeit, die ein Signal auf Sendung ist, wodurch es für andere schwieriger wird, die Quelle zu lokalisieren. Diese Methode wird als „Hit and Move"- oder „Burst"-Kommunikation bezeichnet. Nachrichten sollten im Voraus geplant werden, damit der Sprecher die Nachricht in möglichst wenigen Worten übermitteln kann. Anstatt Dinge in ganzen Sätzen zu erklären, verwenden Sie eine einfache und direkte Sprache. Anstatt zum Beispiel zu sagen:

„Ich habe den Kontrollpunkt erreicht und alles sieht gut aus", sagen Sie einfach: „Kontrollpunkt sicher, vorbei." Dadurch wird der Punkt klar und schnell rübergebracht, ohne dass das Signal lange bestehen bleibt.

Das Üben, was man sagen soll, bevor man spricht, trägt ebenfalls dazu bei, die Übertragungen kurz zu halten. Wenn jemand nervös oder unsicher ist, kann es sein, dass er länger als nötig spricht oder über seine Worte stolpert. Deshalb ist es für Teammitglieder gut, Standardphrasen oder Codes zu üben, bevor sie ausgehen. Je sicherer jemand ist, was er sagen muss, desto schneller kann er es sagen und weitermachen. Teams können auch Rufzeichen und Codewörter verwenden, um die Länge der Nachrichten zu verkürzen. Beispielsweise könnte ein bestimmtes Codewort bedeuten: „Gruppe hat sich in die sichere Zone bewegt", ohne dass die gesamte Situation beschrieben werden muss.

Das Vermeiden von Signalmustern ist ein weiterer wichtiger Faktor, um unentdeckt zu bleiben. Ein Signalmuster bezieht sich auf jedes regelmäßige oder vorhersehbare Verhalten bei der Nutzung des Funkgeräts. Wenn ein Team immer genau zur vollen Stunde eincheckt, könnte ein lauschender Feind dies irgendwann herausfinden und ungefähr zu dieser Zeit mit der Verfolgung des Signals beginnen. Wenn eine Gruppe immer denselben Kanal, dieselben Codewörter oder denselben Lautstärkepegel verwendet, ist es einfacher, diese Signale zu erkennen und zu verfolgen. Um dies zu vermeiden, ändern Sie Ihre Routinen regelmäßig. Variieren Sie die Check-in-Zeiten leicht und vermeiden Sie es, jedes Mal dieselben Phrasen in derselben Reihenfolge zu verwenden.

Eine gute Möglichkeit, Muster aufzubrechen, besteht darin, zufällige Kommunikationsintervalle zu planen und die Verantwortlichkeiten zwischen den Teammitgliedern zu wechseln. Vielleicht meldet sich normalerweise eine Person, aber manchmal sollte es auch ein anderes Teammitglied tun. Wenn jeder anders klingt und leicht unterschiedliche Formulierungen verwendet, wird es schwieriger zu verfolgen, wer was sagt und wo er sich befindet. Außerdem können Teams Regeln festlegen, z. B. nur dann reden, wenn es unbedingt nötig ist, oder nur dann kommunizieren, wenn sie sich an Orten befinden, an denen sie sich anschließend schnell bewegen können.

Rotierende Frequenzen sind eines der wirksamsten Mittel, um auf den Funkwellen unsichtbar zu bleiben. Wenn eine Gruppe weiterhin jeden Tag die gleiche Frequenz nutzt, kann irgendwann jemand damit beginnen, den Kanal oder Titel dort zu hören, wo er genutzt wird. Unter Frequenzrotation versteht man den Wechsel des Funkkanals in regelmäßigen Abständen oder nach jeder Übertragung nach einem vorab geplanten Muster, das nur vertrauenswürdige Teammitglieder kennen. Dies wird manchmal als „Frequenzsprung" bezeichnet.

Frequenzsprung ist effektiver, wenn er mit einer geschriebenen oder gespeicherten Liste von Backup-Kanälen kombiniert wird. Jede Person im Team muss wissen, was der neue Kanal ist und wann zu ihm gewechselt werden muss. Einige Teams verwenden einen zeitbasierten Wechsel, z. B. einen Wechsel alle 15 Minuten. Andere wechseln möglicherweise, nachdem ein bestimmtes Wort verwendet wurde oder nach einer bestimmten Anzahl von Übertragungen. Was auch immer die Regel ist, jeder muss sie verstehen und strikt befolgen, damit die Gruppe verbunden bleibt und gleichzeitig nicht entdeckt wird. Mit Tools wie dem Baofeng UV-5R können Teammitglieder schnell zwischen gespeicherten Kanälen wechseln, ohne sich lange Frequenznummern merken zu müssen.

Eine weitere gute Vorgehensweise besteht darin, nach Möglichkeit niedrige Energieeinstellungen zu verwenden. Baofeng-Funkgeräte ermöglichen dem Benutzer das Umschalten zwischen hoher und niedriger Sendeleistung. Eine geringere Leistung bedeutet, dass das Signal nicht so weit reicht, sodass es für weit entfernte Personen schwieriger zu hören ist. Dies ist nützlich, wenn sich die gesamte Gruppe in der Nähe befindet und kein Signal mit großer Reichweite benötigt. Dadurch bleibt die Kommunikation lokaler und schwerer zu verfolgen. Schalten Sie nur dann auf hohe Leistung um, wenn es unbedingt erforderlich ist, etwa wenn jemand weiter entfernt ist oder Hindernisse das Signal blockieren.

Auch Antennen können bei der Tarnung eine Rolle spielen. Die Verwendung einer kleinen oder gerichteten Antenne kann die Reichweite des Signals einschränken und die Erkennung erschweren. In manchen Situationen kann eine selbstgebaute Richtantenne, die das Signal in eine Richtung bündelt, anstatt es überall hin zu senden, einem Team helfen, ruhig zu bleiben und gleichzeitig miteinander zu reden. Diese Methode funktioniert am besten, wenn sich die anderen Funkbenutzer an bekannten Positionen befinden.

Wenn Sie das Funkgerät beim Senden nahe am Körper oder hinter einer Abdeckung halten, kann dies auch dazu beitragen, die Reichweite des Signals zu verringern. Das ist nicht perfekt, kann aber die Signalstärke gerade so weit reduzieren, dass Personen, die möglicherweise nach Funkverkehr suchen, unter dem Radar bleiben. Für eine noch bessere Tarnung können Teams den Einsatz des Funkgeräts auch an offenen oder hochgelegenen Orten vermeiden, wo die Signale eine größere Reichweite haben.

Neben den technischen Aspekten des Versteckens sind Disziplin und Verhalten ebenso wichtig. Bei der Stealth-Kommunikation geht es nicht nur um die Ausrüstung, sondern auch darum, wie Menschen sie nutzen. Den Teammitgliedern muss beigebracht werden, ruhig, still und konzentriert zu bleiben. Nervöses Verhalten führt zu längeren Nachrichten, wiederholten Übermittlungen und Verwirrung, was die Wahrscheinlichkeit erhöht, gefunden zu werden.

Üben im Voraus stärkt das Selbstvertrauen und hilft Menschen, ihren Kommunikationsplan auch dann einzuhalten, wenn sie gestresst sind.

In Hochrisikogebieten sollten Teams vor und nach der Übertragung auch ihre Umgebung überwachen. Am besten ziehen Sie nach dem Versenden einer Nachricht an einen neuen Ort. Dies wird als „Transmit and Shift" bezeichnet. Es verhindert, dass irgendjemand die Position des Teams anhand der wiederholten Nutzung derselben Position triangulieren kann. Es ist auch klug, vor dem Sprechen einen Moment zuzuhören. Wenn auf dem Kanal bereits Aktivität herrscht, könnte das ein Zeichen dafür sein, dass jemand anderes zuschaut oder zuhört.

Die Verwendung von Täuschungsnachrichten oder falschen Signalen kann eine Möglichkeit sein, jeden zu verwirren, der versucht, das Team zu verfolgen. Wenn eine Gruppe über zusätzliche Radios verfügt, kann sie gelegentlich irreführende Nachrichten von verschiedenen Orten aus senden, um jeden abzuschrecken, der möglicherweise zuhört. Diese Technik sollte vorsichtig und nur dann angewendet werden, wenn die Ablenkung eines Beobachters oder Feindes einen klaren Nutzen hat.

Die Tarnung in der Funkkommunikation beruht auf vielen kleinen Aktionen, die zusammen einen starken Schutz gegen Entdeckungen bilden. Kurze und geplante Übertragungen zu nutzen, vorhersehbare Muster zu vermeiden, Frequenzen zu wechseln, die Leistung niedrig zu halten und sich häufig zu bewegen, sind einfache, aber wirkungsvolle Strategien. Mit Übung und Disziplin können selbst einfache Funkgeräte wie der Baofeng UV-5R Teil eines gut geschützten und hochsicheren Kommunikationsnetzwerks werden. In jeder Krise oder taktischen Situation kann es genauso wichtig sein, im Radio ruhig und klug zu bleiben wie das, was gesagt wird.

Kapitel 6

Funksicherheits- und Abhörtaktiken

In jeder Krise oder jedem netzunabhängigen Betrieb ist die Sicherheit der Funkkommunikation genauso wichtig wie die gesendete Nachricht. Unabhängig davon, ob es sich um Naturkatastrophen, Unruhen oder verdeckte Bewegungen handelt, sind die Funkwellen grundsätzlich nie privat. Radios können gescannt, Signale abgefangen werden und durch unvorsichtigen Gebrauch können sensible Informationen an unerwünschte Zuhörer weitergegeben werden. In diesem Kapitel erfahren Sie, wie Sie die Kommunikation davor schützen, abgehört, verfolgt oder gestört zu werden. Indem sie lernen, sich vor Abhörmaßnahmen zu schützen, Bedrohungen zu erkennen und einfache Gegenmaßnahmen anzuwenden, können

Funkbenutzer besser sicherstellen, dass ihre Gruppe in Verbindung bleibt, ohne ihren Standort, ihre Absichten oder Pläne preiszugeben.

Feldverschlüsselung: Analoge Codes und sichere Nachrichtentaktiken

Im Laufe der Geschichte wurden Low-Tech-Verschlüsselungsmethoden eingesetzt, um sensible Informationen zu schützen, ohne dass komplexe elektronische Systeme erforderlich waren. Diese Techniken sind besonders wertvoll in Überlebens- und Krisensituationen, in denen digitale Tools möglicherweise nicht verfügbar oder ratsam sind. Sie bieten eine praktische und einfach zu implementierende Möglichkeit, die Kommunikation privat zu halten und zu verhindern, dass wichtige Nachrichten verstanden werden, wenn sie abgefangen werden. Obwohl sie nicht so stark sind wie moderne Verschlüsselungen, reichen sie im praktischen Einsatz bei korrekter und konsequenter Anwendung oft aus.

Eine der ältesten und vertrauenswürdigsten Methoden ist die Verwendung von Codebüchern. Ein Codebuch ist einfach eine Liste, die einfache Wörter oder Phrasen mit Codewörtern verbindet. Beispielsweise könnte der Ausdruck „zu Position bewegen" durch den Code „Blauer Adler" dargestellt werden, oder „Feind nähert sich" könnte als „Roter Wind" geschrieben werden. Jeder in der Gruppe muss eine Kopie desselben Codebuchs haben oder zumindest wichtige Teile davon auswendig gelernt haben. Das Codebuch muss regelmäßig aktualisiert werden, um das Risiko einer Mustererkennung zu vermeiden, wenn ein Außenstehender im Laufe der Zeit mithört. Codebücher können handgeschrieben und in wasserdichten Beuteln transportiert oder sogar in Reime oder Lieder kodiert werden, um das Auswendiglernen zu erleichtern.

Ersetzungscodes ersetzen Buchstaben, Zahlen oder ganze Wörter durch Alternativen und machen die

Nachricht für jemanden, der das System nicht kennt, unlesbar. Ein einfaches Beispiel ist die Caesar-Chiffre, bei der jeder Buchstabe einer Nachricht um eine bestimmte Anzahl von Stellen im Alphabet verschoben wird. Wenn Sie beispielsweise die Buchstaben um drei verschieben, würde sich „HELP" in „KHOA" ändern. Obwohl diese Art der Verschlüsselung mit genügend Aufwand leicht zu knacken ist, ist sie nützlich, wenn die Zeit knapp ist und eine Verschlüsselung schnell erforderlich ist. Ein anderes Substitutionssystem könnte das Ersetzen ganzer Wörter durch nicht verwandte Wörter auf der Grundlage einer gemeinsamen Liste beinhalten. Beispielsweise könnte „Ja" durch „Zitrone" und „Nein" durch „Eisen" ersetzt werden. Der Schlüssel zum effektiven Einsatz von Substitutionscodes liegt darin, sich wiederholende Muster zu vermeiden und sie mit anderen Sicherheitspraktiken zu kombinieren, z. B. dem häufigen Rotieren der Chiffre oder der Verwendung unterschiedlicher Codes für verschiedene Arten von Nachrichten.

Unter analoger Verschlüsselung versteht man die Verwendung physischer Werkzeuge oder Formate, um Nachrichten zu verschleiern, ohne dass digitale Geräte erforderlich sind. Eine Möglichkeit, dies zu tun, ist ein Ziffernrad oder ein Schiebelineal, das Buchstaben oder Zahlen so ausrichtet, dass ein verschiebbares Alphabet entsteht. Diese Geräte können handgefertigt werden und sind vor Ort einfach zu verwenden. Eine weitere analoge Methode ist die Buchchiffre. Dazu muss ein Buch ausgewählt werden, auf das jeder Zugriff hat, und es als Quelle für die Nachricht verwendet werden. Ein Code wie „34-2-6" könnte Seite 34, zweiter Absatz, sechstes Wort bedeuten. Nur wer das richtige Buch und das richtige Format kennt, kann die Botschaft entschlüsseln. Buchchiffren sind leistungsstark, weil sie öffentlich zugängliche Texte auf eine Weise nutzen, die ohne Kenntnis des spezifischen Buches und der Regeln kaum zu entschlüsseln ist.

Ein weiterer kreativer Ansatz ist der Einsatz einer zeit- oder ortsbasierten Verschlüsselung. Beispielsweise kann eine Gruppe vereinbaren, dass jede Nachricht, die mittags gesendet wird, ein Ersetzungsmuster verwendet, während Nachrichten, die in der Abenddämmerung gesendet werden, ein anderes verwenden. In einer fortgeschritteneren Anwendung können Nachrichten in einem zuvor vereinbarten Code in natürlicher Sprache geschrieben werden, beispielsweise indem militärische Begriffe durch Gartensprache ersetzt werden, in der es heißt: „Pflanze die Samen" statt „Setze den Sprengstoff". Diese Tarnungen in natürlicher Sprache tragen dazu bei, dass Nachrichten unschuldig klingen und weniger Verdacht erregen, wenn sie belauscht oder abgefangen werden.

Visuelle Codes können auch dann eingesetzt werden, wenn die Sprachkommunikation nicht optimal ist. Taschenlampensignale, Handgesten oder farbige Markierungen in der Umgebung können lautlos eine Reihe von Nachrichten übermitteln. Diese Methoden sind bei Einsätzen im Nahbereich nützlich, bei denen Tarnung unerlässlich ist. In einigen Fällen verwendet eine Gruppe möglicherweise eine Reihe von Symbolen, die in Erde oder auf Felsen gezeichnet sind, als Signale für sichere Wege, Gefahren oder Treffpunkte. Wenn visuelle Codes mit vereinbarten Bedeutungen kombiniert werden, werden sie zu einer weiteren Ebene sicherer Kommunikation.

Damit all diese Methoden effektiv funktionieren, sind Vorbereitung und Disziplin erforderlich. Alle Beteiligten müssen darin geschult sein, dieselben Systeme zu verwenden und zu wissen, wie sie sich anpassen können, wenn Codes kompromittiert werden. Regelmäßiges Üben und Testen kann dazu beitragen, dass die Gruppe fit bleibt. Bei längerfristigen Einsätzen ist es von entscheidender Bedeutung, dass mehrere unterschiedliche Codesätze durchlaufen werden können. Dies verhindert, dass sich der Feind durch Musteranalyse einen Vorteil verschafft. Wenn sich herausstellt, dass eine Nachricht abgefangen oder missbraucht wurde, sollte die Gruppe bereit sein, die kompromittierte Methode aufzugeben und unverzüglich zu einer anderen zu wechseln.

Es ist außerdem wichtig, Codematerialien sorgfältig zu lagern und zu transportieren. Selbst Low-Tech-Werkzeuge wie Chiffrierräder oder Codebücher müssen vor Verlust, Beschädigung und Erfassung geschützt werden. Das Laminieren von Papierwerkzeugen oder deren Lagerung in wasserdichten Behältern erhöht die Haltbarkeit in rauen Umgebungen. In hochsensiblen Situationen sollten die Materialien klein, leicht zu verbergen oder sogar essbar oder brennbar sein, um ein Einfangen zu verhindern. In manchen Fällen kann die Verwendung von biologisch abbaubarem Papier oder unsichtbarer Tinte die Geheimhaltung verbessern, obwohl diese Übung und geeignete Materialien erfordern, um wirksam zu sein.

Denken Sie immer daran, dass es bei der Verschlüsselung nicht nur um Geheimhaltung geht, sondern auch um Klarheit und Zuverlässigkeit innerhalb Ihrer Gruppe. Eine gut verschlüsselte Nachricht, die das eigene Team nicht verstehen kann, ist ebenso nutzlos wie eine, die von einer feindlichen Partei abgefangen wurde. Es muss ein Gleichgewicht zwischen Sicherheit und Benutzerfreundlichkeit gewahrt bleiben. Testen Sie jede Methode gründlich und schulen Sie die Anwender, bis sie unter Stress fehlerfrei arbeiten können. Sichere Feldkommunikation ist kein Überlebensluxus, sondern eine Lebensader. Die Beherrschung dieser einfachen Techniken stellt sicher, dass Ihre Gruppe sicher, organisiert und vorbereitet bleibt, egal welche Herausforderungen auftauchen.

Vermeidung von Signaltriangulations- und Abhörrisiken

Signaltriangulation ist eine Methode, mit der Gegner die Position eines Funksenders lokalisieren. Dabei werden mindestens zwei oder mehr Horchposten eingesetzt, um die Richtung zu messen, aus der ein Funksignal kommt. Wenn diese Messungen von verschiedenen Punkten aus durchgeführt werden, können sich die von ihnen gebildeten Linien schneiden und den Standort des Senders verraten. In Überlebens- oder Notfallsituationen kann diese Art der Signalverfolgung die Position einer Gruppe aufdecken und sie dem Risiko einer Gefangennahme, eines Angriffs oder einer Überwachung aussetzen. Für jeden, der in einer Krise auf Funkkommunikation angewiesen ist, ist es wichtig zu verstehen, wie Triangulation funktioniert und wie man sie vermeidet.

Jedes Mal, wenn ein Radio sendet, sendet es elektromagnetische Wellen aus, die sich je nach Antennentyp und verwendeter Frequenz in alle Richtungen ausbreiten. Mit Richtantennen und Signalerkennungsgeräten ausgestattete Gegner können diese Übertragungen auffangen. Indem sie den Winkel bestimmen, aus dem das Signal am stärksten ist, können sie abschätzen, aus welcher Richtung es kam. Wenn sie dies von drei oder mehr verschiedenen Standorten aus tun, können sie mithilfe geometrischer Berechnungen den Standort des Senders genau bestimmen. Dieser Vorgang kann schnell passieren, insbesondere wenn der Funker zu lange spricht oder häufig vom selben Ort aus sendet.

Mobilität ist eine der effektivsten Möglichkeiten, die Triangulation zu besiegen. Ein sich bewegendes Funkziel ist viel schwieriger zu lokalisieren, da es seinen Standort ändert, bevor die Signalverfolgung abgeschlossen werden kann. Durch die Verwendung kurzer Übertragungen und den Positionswechsel nach jeder Nachricht kann es ein Funker für jeden sehr schwierig machen, eine genaue Position zu ermitteln. In der taktischen Kommunikation wird dies „Senden und Bewegen" oder „Schießen und Schießen" genannt. Nachdem eine Nachricht gesendet wurde, auch wenn sie nur ein paar Sekunden lang ist, sollte der Operator seine Sachen packen und den Standort wechseln, idealerweise zu Fuß oder in einem Fahrzeug, bevor er erneut sendet. Vermeiden Sie es, dieselbe Stelle innerhalb kurzer Zeit mehr als einmal zu verwenden, es sei denn, dies ist unbedingt erforderlich.

Auch das Timing spielt eine große Rolle bei der Bekämpfung der Triangulation. Gegner brauchen Zeit, um ihre Ausrüstung aufzubauen, Messungen durchzuführen und Winkel zu berechnen. Je länger ein Radiosender ausgestrahlt wird, desto mehr Informationen sammeln sie. Wenn Funkübertragungen nach Möglichkeit kurz unter 5 Sekunden gehalten werden, verkürzt sich die Reaktionszeit erheblich. Auch die Nutzung geplanter Check-in-Fenster anstelle einer ständigen Kommunikation kann hilfreich sein. Beispielsweise könnte ein Team beschließen, nur zu kurzen, im Voraus vereinbarten Zeiten zu senden, beispielsweise zu jeder vollen Stunde. Dies begrenzt die Funkbelastung und macht es für jemanden, der zuhört, schwieriger, vorherzusagen, wann und wo das nächste Signal kommt.

Auch der Einsatz von Richtantennen kann vor Triangulation schützen. Im Gegensatz zu Standardantennen, die Signale in alle Richtungen senden, fokussieren Richtantennen das Signal in eine bestimmte Richtung, wie der Strahl einer Taschenlampe anstelle einer Glühbirne. Dadurch wird der Bereich begrenzt, in dem das Signal am stärksten ist, und es wird für jemanden außerhalb dieses Strahls schwieriger, es zu erkennen. Eine Yagi-Antenne ist eine gängige Art von Richtantenne, die für die Feldkommunikation nützlich ist. Bei sorgfältiger Ausrichtung ermöglicht es dem Bediener, sein Signal auf den beabsichtigten

Kontakt zu richten und gleichzeitig die Wahrscheinlichkeit einer Erkennung von der Seite oder von hinten zu minimieren. Es verbessert auch die Signalstärke über große Entfernungen, was bedeutet, dass weniger Strom benötigt wird und die Übertragungszeit verkürzt werden kann.

Es gibt einige andere Praktiken, die es in Kombination mit Mobilität, Timing und Richtantennen für Gegner noch schwieriger machen können, Ihren Standort zu finden. Eine Methode ist das Frequenzspringen, das heißt, nach einem festgelegten Muster auf verschiedene Frequenzen umzuschalten. Während einfache Baofeng-Radios kein automatisches Frequenzspringen durchführen können, können Benutzer die Frequenzen dennoch manuell in einer geplanten Reihenfolge ändern. Dies verringert die Wahrscheinlichkeit, dass jemand lange genug auf derselben Frequenz hört, um das Signal zu verfolgen. Eine andere Methode ist die Verwendung niedriger Energieeinstellungen. Bei den meisten Baofeng-Radios können Benutzer zwischen niedriger und hoher Leistung wählen. Die Verwendung der niedrigsten Einstellung, die zum Erreichen des anderen Teilnehmers erforderlich ist, trägt dazu bei, die Reichweite zu verringern, in der Ihr Signal empfangen werden kann, was wiederum die Exposition begrenzt.

Eine weitere wichtige Taktik besteht darin, das Gelände und die Umgebung sinnvoll zu nutzen. Hügel, Gebäude und Wälder können Funkwellen, insbesondere im UHF-Bereich, blockieren oder absorbieren. Der Einsatz hinter einem Bergrücken oder in einem dichten Baumhain kann die Reichweite des Signals schwächen und es für Gegner schwieriger machen, es zu erkennen. Sogar eine dicke Wand oder ein unterirdischer Standort kann eine Abschirmung vor der Signalerkennung bieten. Dadurch kann zwar die Kommunikationsreichweite verringert werden, es wird jedoch eine zusätzliche Schutzebene hinzugefügt. Aus diesem Grund ziehen es viele erfahrene Betreiber vor, das Gelände als Deckung zu nutzen und die Sendeorte sorgfältig auszuwählen, anstatt nur aus einem offenen Gebiet zu senden.

Es ist auch wichtig, im Team diszipliniertes Funkverhalten zu üben. Jeder in der Gruppe muss die Risiken langer oder häufiger Übertragungen verstehen. Eine einzelne Person, die zu viel redet oder an einem Ort bleibt, kann die ganze Gruppe bloßstellen. Legen Sie klare Regeln fest, wie und wann übermittelt werden soll. Verwenden Sie vorgefertigte Nachrichten oder Codewörter, um die Kommunikation zu verkürzen. Wenn Sie zum Beispiel „Bravo, sicher" sagen, könnte das bedeuten: „Alles klar, weiter zum nächsten Punkt", was Zeit spart und die Notwendigkeit langer Gespräche reduziert.

Die Überwachung der Funkumgebung ist ebenso wichtig wie das Versenden von Nachrichten. Das bedeutet, auf andere Signale zu achten, die darauf hindeuten könnten, dass jemand nach Ihrer

Übertragung sucht. Plötzliche Aktivitätsausbrüche auf Frequenzen in der Nähe, wiederholte Signale, die nicht zu bekannten Kontakten gehören, oder seltsame Änderungen des Geräuschpegels können darauf hindeuten, dass jemand versucht, Sie zu verfolgen. Wenn solche Anzeichen auftauchen, ist es am besten, völlig still zu bleiben und so schnell wie möglich den Standort zu wechseln.

Halten Sie immer einen Fallback-Plan bereit. Wenn ein Team glaubt, dass es geortet wurde, sollten alle bereit sein, die Übertragung zu beenden, zu einer sekundären Kommunikationsmethode zu wechseln und sich an eine sichere Position zu begeben. Dies könnte die Verwendung vorab vereinbarter Handzeichen, Notizen auf Papier oder sogar Lichtsignale umfassen, wenn die Nutzung des Funkgeräts zu riskant wird.

Triangulation ist eine große Bedrohung, aber mit intelligenten Strategien können ihre Risiken verringert werden. Indem Gruppen in Bewegung bleiben, kurze und unregelmäßige Übertragungen nutzen, Ausrüstung wie Richtantennen sorgfältig auswählen und auf die Umgebung achten, können sie ihre Kommunikationsfähigkeit aufrechterhalten, ohne sich einer Gefahr auszusetzen. Bei der Funksicherheit geht es nicht nur um Werkzeuge, sondern auch um Disziplin, Planung und Übung. Jede Maßnahme zur Reduzierung Ihres Signal-Fußabdrucks erhöht die Sicherheit und Effektivität Ihres Teams in kritischen Momenten.

Erweitertes OPSEC: Kommunikationspläne und Standortmaskierung

Betriebssicherheit in der Funkkommunikation geht über das bloße Erlernen klarer Sprache oder der Verwendung von Codewörtern hinaus. Wenn Leben auf dem Spiel stehen und die Umwelt ungewiss ist, hat die Geheimhaltung Ihrer Übertragungen und der Schutz der Bewegungen Ihres Teams oberste

Priorität. Fortgeschrittene Kommunikationsgewohnheiten wie Übertragungen zu festen Zeiten, wechselnde physische Standorte und stille Überwachung sind notwendige Schritte, um das Risiko zu verringern und zu verhindern, dass sie von externen Kräften verfolgt oder abgefangen werden.

Bei der Festzeitkommunikation, manchmal auch Zeitfensterkommunikation genannt, handelt es sich um einen Zeitplan, bei dem Nachrichten nur zu ganz bestimmten Zeiten gesendet oder empfangen werden. Diese Zeiten werden von der Gruppe im Voraus festgelegt und liegen oft weit auseinander. Beispielsweise könnte ein Team vereinbaren, nur um 10:00 Uhr, 14:00 Uhr und 18:00 Uhr zu übertragen. Diese Zeiten könnten zum Einchecken, zum Teilen von Updates oder zum Erteilen von Anweisungen genutzt werden. Außerhalb dieser Fenster sind die Funkgeräte entweder ausgeschaltet oder werden nur zur Überwachung verwendet. Diese Methode trägt dazu bei, ständiges

Funkgeschwätz zu vermeiden, das andere
alarmieren oder ihnen eine bessere Chance geben
könnte, die Signalquelle zu finden.

Ein großer Vorteil der Festzeitkommunikation
besteht darin, dass Gegner weniger Chancen haben,
Ihr Signal zu empfangen. Wenn jemand nach
Radioaktivität sucht, kann es sein, dass er diese
völlig übersieht, wenn er nicht genau zum richtigen
Zeitpunkt zuhört. Und selbst wenn sie das Signal
empfangen, bleibt ihnen nur sehr wenig Zeit, es zu
verfolgen, wenn Sie nur ein paar Sekunden lang
senden. Diese Methode schafft auch eine
Gewohnheit bei den Teammitgliedern und hilft
ihnen, diszipliniert zu bleiben und sich des Timings
bewusst zu sein. Jeder weiß, wann er mit einer
Nachricht rechnen muss, was Verwirrung und Panik
bei stressigen Ereignissen eindämmt.

Die Kommunikation zu festen Zeiten wird noch
leistungsfähiger, wenn sie mit nicht festen oder
wechselnden physischen Standorten kombiniert

wird. Das bedeutet, dass Teammitglieder nie zweimal vom selben Ort aus senden. Jede Übertragung sollte aus einem neuen Gebiet erfolgen, und für die Gruppe sollten im Voraus mehrere Ausweichstellen festgelegt sein. Diese Standorte sollten bei Bedarf aufgrund ihrer Deckung, Versteckung und Höhe ausgewählt werden. Beispielsweise kann eine Nachricht hinter einem Hügel gesendet werden, die nächste von einer Baumgrenze und die nächste aus dem Inneren eines verlassenen Gebäudes. Das Verschieben vor und nach jeder Nachricht stellt sicher, dass jemand, der ein Signal erkennt, zu spät ist, um die Person zu fangen, die es gesendet hat.

Damit diese Strategie funktioniert, müssen die Bediener leichte Ausrüstung tragen, sich schnell bewegen und ihre Umgebung gut kennen. Karten, Kompasse und sogar GPS (sofern sicher zu verwenden) sind Werkzeuge, die dabei helfen, sichere Wege von einem Übertragungspunkt zum nächsten zu planen. Teammitglieder sollten es vermeiden, Spuren zu hinterlassen und Muster in ihren Bewegungen zu erzeugen. Wenn jemand eine Nachricht jedes Mal aus derselben Richtung sendet, kann dieses Muster Hinweise auf den Standort seiner Basis geben. Durch die Zufallsauswahl sowohl des Timings als auch der Geografie bleiben die Gegner im Ungewissen.

Stille Überwachung ist ein weiteres leistungsstarkes Werkzeug in der Kommunikations-Toolbox. Das bedeutet, dass Sie das Radio zum Hören eingeschaltet lassen, ohne zu sprechen oder die Push-to-Talk-Taste zu drücken. Das Abhören von Kanälen kann wichtige Informationen liefern, z. B. Änderungen in der feindlichen Aktivität, Notrufe von anderen Gruppen oder Anzeichen dafür, dass jemand versucht, andere in eine Falle zu locken. Indem das Überwachungsteam schweigt, vermeidet es die Preisgabe seines Standorts und sammelt gleichzeitig nützliches Wissen. Dies ist besonders in Zeiten mit hohem Risiko nützlich, z. B. nach einer bekannten Übertragung oder bei Bewegungen über offenes Gelände.

Bediener, die eine stille Überwachung durchführen, müssen gut darin geschult sein, worauf sie achten müssen. Nicht alle Geräusche im Radio sind offensichtlich. Klickgeräusche, unerwartete Rufzeichen oder wiederholte Anfragen an unbekannte Personen können Anzeichen einer Manipulation sein. Erfahrene Zuhörer können auch Veränderungen im Hintergrundrauschen erkennen, wie z. B. Rauschen oder Echos, die darauf schließen lassen, dass sich die Quelle einer Übertragung bewegt oder eine schlechte Einrichtung verwendet. Teams sollten Aufzeichnungen überprüfen oder Übungen üben, um diese Fähigkeit zu schärfen, und sicherstellen, dass jedes Mitglied weiß, wie man verdächtige Muster erkennt, ohne selbst ein Geräusch zu machen.

Um diese Sicherheitsgewohnheiten zu unterstützen, sollten Teams Routinen entwickeln, die zu ihrer

Umgebung und Mission passen. In einer ländlichen Umgebung könnte beispielsweise die Kommunikation zu festen Zeiten mit einer solarbetriebenen Aufladung kombiniert werden, sodass das Team bei Tageslicht senden und nachts überwachen kann. In einem städtischen Gebiet könnte sich das Team stärker auf stille Überwachung und Kurzstrecken-Übertragungen mit geringer Leistung verlassen, die von versteckten Orten wie Dächern oder Kellern gesendet werden. Alle Teammitglieder müssen dem gleichen Plan folgen und sich daran halten, denn ein Fehler kann alle bloßstellen.

Ein weiterer Schlüssel zu erweiterter Betriebssicherheit besteht darin, zu wissen, wie man einen Fehler behebt. Wenn ein Teammitglied außerhalb der vereinbarten Zeit sendet, das falsche Codewort verwendet oder von einem bekannten Standort aus spricht, muss die Gruppe sofort davon ausgehen, dass ihre Sicherheit gefährdet ist. Sie müssen auf einen Backup-Kommunikationsplan umsteigen, an andere Standorte umziehen und möglicherweise für längere Zeit schweigen. Das Üben dieser Übungen vor dem Ausbruch einer Krise trägt dazu bei, dass die Reaktion schnell und organisiert erfolgt, wenn es wirklich darauf ankommt.

Auch durch die Kombination von Methoden lässt sich die Sicherheit erhöhen. Beispielsweise könnte ein Team zu festgelegten Zeiten senden, jedoch nur, wenn es zuerst ein Signal von einem anderen Team hört. Dieses „Challenge-Response"-System verhindert eine versehentliche Offenlegung und stellt sicher, dass beide Teams anwesend sind, bevor etwas preisgegeben wird. Wenn eine Seite das Signal nicht hört, bleibt sie stumm und wartet auf das nächste geplante Fenster. Diese Methode ist besonders nützlich, wenn die Kommunikation kritisch, aber riskant ist, beispielsweise bei Evakuierungs- oder Bergungsmissionen.

Erweiterte Betriebssicherheit erfordert Vertrauen. Jeder im Team muss die Bedeutung dieser Praktiken verstehen und bereit sein, sie auch dann zu befolgen, wenn er müde, gestresst oder in Gefahr ist. Regelmäßige Schulungen, klare Rollen und eine starke Führung machen dies möglich. Teams, die gemeinsam üben, ihre Methoden überprüfen und aus ihren Fehlern lernen, haben immer bessere Chancen, sicher zu bleiben.

Durch die Nutzung fester Zeitkommunikation, die Vermeidung fester Standorte und die Durchführung stiller Überwachung können Überlebensteams ihre Kommunikationsfähigkeit aufrechterhalten und sich gleichzeitig vor Entdeckung und Störungen schützen. Bei diesen Strategien geht es nicht um ausgefallene Technologie, sondern um Disziplin, Planung und Respekt vor den Gefahren, die mit der Funknutzung in feindlichen Umgebungen einhergehen.

Kapitel 7

Während und nach dem Zusammenbruch legal und ethisch bleiben

Wenn Systeme zusammenbrechen und Notfälle außerhalb der Reichweite von Strafverfolgungs- oder Regierungsdiensten liegen, wird die Einhaltung rechtlicher und ethischer Grenzen sowohl zu einer persönlichen Verantwortung als auch zu einer Möglichkeit, die Ordnung in den Gemeinschaften aufrechtzuerhalten. In Überlebenssituationen kann die Funkkommunikation in Grauzonen geraten, in denen lokale Gesetze nicht mehr in der üblichen Weise gelten. Die Aufrechterhaltung eines starken moralischen Kompasses trägt jedoch dazu bei, Sicherheit, Fairness und Zusammenarbeit zu

gewährleisten. In diesem Kapitel geht es darum, wie
man Kommunikationsgesetze so weit wie möglich
respektiert, Störungen kritischer Rettungsdienste
vermeidet und ethische Grundsätze bei der Nutzung
von Funkgeräten während und nach einem
gesellschaftlichen Zusammenbruch einhält.

Was Sie über Lizenzierung und legale Nutzung wissen müssen

Das Verständnis der Funklizenzierung ist ein
wesentlicher Bestandteil verantwortungsvoller
Kommunikation, insbesondere bei der Verwendung
von Geräten wie dem Baofeng UV-5R, der auf ein
breites Frequenzspektrum zugreifen kann. In den
meisten Ländern, einschließlich den Vereinigten
Staaten, unterliegen Funkübertragungen
bundesstaatlichen Vorschriften, um sicherzustellen,
dass Kommunikationskanäle sicher, effektiv und
frei von schädlichen Störungen bleiben. Diese
Regeln tragen dazu bei, die Ordnung in den

Bereichen Rettungsdienste, Luftfahrt, Seefahrt und Zivilisten aufrechtzuerhalten.

In den USA überwacht die Federal Communications Commission (FCC) diese Regeln. Für Personen, die Funkgeräte wie das Baofeng UV-5R legal auf den Amateurfunkbändern nutzen möchten, ist der Erwerb einer Amateurfunklizenz erforderlich. Es gibt drei Stufen von Amateurfunklizenzen: Techniker, Allgemein und Amateur-Extra. Die Technikerlizenz ist die Einstiegsoption und ermöglicht den Zugriff auf die Bänder VHF (Very High Frequency) und UHF (Ultra High Frequency), die häufig in Handfunkgeräten verwendet werden. Um diese Lizenz zu erhalten, muss ein Multiple-Choice-Test bestanden werden, der grundlegende Funktheorie, Vorschriften und Sicherheit abdeckt.

Zu den legalen Frequenzen für die lizenzierte Nutzung gehören das 2-Meter-Band (144–148 MHz) und das 70-Zentimeter-Band (420–450

MHz), die beide häufig von Preppern, Hobbyisten und Notfallhelfern genutzt werden. Diese Frequenzen ermöglichen es Benutzern, sich mit lokalen Repeater-Netzwerken zu verbinden oder direkt mit anderen in ihrer Nähe zu kommunizieren. Ohne Lizenz ist es jedoch unter normalen Umständen illegal, auf diesen Frequenzen zu senden, auch wenn Sie nur testen oder üben.

Der Baofeng UV-5R kann auch auf Frequenzen außerhalb der Amateurbänder zugreifen, darunter Geschäfts-, öffentliche Sicherheits- und Militärfrequenzen. Das Senden auf diesen Frequenzen ohne entsprechende Genehmigung ist illegal und kann Geldstrafen oder andere Strafen nach sich ziehen. Selbst das Abhören bestimmter eingeschränkter Frequenzen kann in manchen Ländern je nach den jeweiligen Datenschutz- und Überwachungsgesetzen rechtswidrig sein.

Im Gegensatz dazu stehen für die Kommunikation im Nahbereich einige lizenzfreie Optionen zur

Verfügung. Ein Beispiel dafür ist der Family Radio Service (FRS), der auf den Frequenzen 462 und 467 MHz arbeitet. FRS-Kanäle können ohne Lizenz genutzt werden, ihre Reichweite und Leistung ist jedoch begrenzt. Ebenso bietet der General Mobile Radio Service (GMRS) eine größere Reichweite und Leistung, erfordert jedoch eine einfache Lizenz, die keinen Test erfordert.

Während eines erklärten Notfalls oder einer Katastrophe können sich die Regeln ändern. In den Vereinigten Staaten erlauben die FCC-Bestimmungen nicht lizenzierte Notfallübertragungen, wenn Leben oder Eigentum in unmittelbarer Gefahr sind und keine anderen Kommunikationsmittel verfügbar sind. Diese Regel wird als „Notfallausnahme" bezeichnet. Nach dieser Regel kann eine Person ohne Amateurfunklizenz legal auf Amateurfunkfrequenzen senden, um Hilfe anzufordern oder wichtige Informationen zu übermitteln, die Leben retten könnten. Dies sollte jedoch niemals als Vorwand dafür dienen, die

Lizenzierung zu umgehen oder Funkgeräte unter normalen Bedingungen unsachgemäß zu verwenden.

Es ist auch wichtig zu wissen, dass die Verwendung verschlüsselter oder verschlüsselter Nachrichten auf Amateurbändern nicht erlaubt ist. Der Geist des Amateurfunks ist Offenheit und Zusammenarbeit, weshalb jede Kommunikation für jeden, der zuhört, verständlich sein muss. Allerdings kann es bei einem gesellschaftlichen Zusammenbruch oder in Extremsituationen, in denen die zentrale Autorität zusammenbricht, dazu kommen, dass Einzelpersonen der Sicherheit Vorrang vor Vorschriften geben. Selbst in solchen Fällen bleibt die ethische Verwendung unerlässlich. Vermeiden Sie es, die Einsatzkräfte zu beeinträchtigen oder durch die Nachahmung offizieller Kommunikation Verwirrung zu stiften.

Weitere Überlegungen umfassen den Einsatz von Funkgeräten im Ausland oder über Grenzen hinweg. Jedes Land hat seine eigenen Lizenzgesetze, und was an einem Ort legal ist, ist woanders möglicherweise nicht zulässig. Bevor Sie mit Ihrem Funkgerät reisen oder es international nutzen, sollten Sie sich über die örtlichen Kommunikationsgesetze informieren, um versehentliche Verstöße zu vermeiden.

Aus ethischer Sicht sollte die Kommunikation niemals dazu genutzt werden, andere in die Irre zu führen, zu bedrohen oder zu stören, auch wenn es schwierig wird, Gesetze durchzusetzen. Funkgeräte dienen der Koordination, Sicherheit und Information, nicht der Einschüchterung oder Beherrschung. Durch eine klare, ehrliche und respektvolle Kommunikation wird sichergestellt, dass sich Ihre Gruppe aufeinander verlassen kann und das Vertrauen anderer genießt, die möglicherweise im Äther nach Hilfe suchen.

Auch wenn es auf den ersten Blick kompliziert erscheinen mag, den effektiven und verantwortungsvollen Umgang mit einem Radio zu erlernen, wird es mit zunehmender Übung und Ausbildung zur Selbstverständlichkeit. Wenn Sie sich die Zeit nehmen, eine Amateurfunklizenz zu erwerben, erhalten Sie nicht nur legalen Zugang zu den Funkwellen, sondern verbinden sich auch mit einer globalen Gemeinschaft von Amateurfunkern, die in Notfällen oft entscheidende Unterstützung leisten. Es zeigt auch, dass Sie die Verantwortung der Kommunikation ernst nehmen.

Indem Sie die Lizenzanforderungen verstehen, die gesetzlichen Frequenzen einhalten und wissen, welche Änderungen sich im Notfall ergeben, stellen Sie sicher, dass Ihre Nutzung des Baofeng UV-5R oder eines anderen Funkgeräts sicher, effektiv und sowohl für den täglichen Gebrauch als auch für Krisensituationen vorbereitet ist. Es geht nicht nur darum, einen Knopf zu drücken, um zu reden, sondern darum, dies mit Wissen, Zielstrebigkeit und Integrität zu tun.

Nur für Notfälle: Regeln für den Fall, dass das Gesetz versagt

Bestimmte Funkfrequenzen sind für den Notfall reserviert und gelten bei Katastrophen, lebensbedrohlichen Situationen oder großen Notfällen als kritisch. Diese Frequenzen werden im Allgemeinen von Ersthelfern, Such- und Rettungsteams und ausgebildeten Amateurfunkern überwacht. Zu wissen, welche Mittel in einer Krise zum Einsatz kommen, kann über Leben und Tod entscheiden. Der Einsatz außerhalb realer Notfälle oder ohne Kenntnis der rechtlichen Rahmenbedingungen kann jedoch zu ernsthaften Problemen führen.

Eine der wichtigsten Notruffrequenzen ist 121,5 MHz, die sogenannte internationale Luftnotfrequenz. Diese Frequenz wird weltweit von Flugzeug- und Luftfahrtbehörden überwacht. Es ist in erster Linie für Flugzeugnotfälle gedacht, kann aber in wirklich verzweifelten Situationen auch als letztes Mittel eingesetzt werden, wenn keine andere Option besteht. Allerdings ist die unbefugte Nutzung dieser Frequenz illegal und kann den lebensrettenden Flugbetrieb stören.

Eine weitere allgemein anerkannte Notruffrequenz ist 156,8 MHz, was dem UKW-Seekanal 16 entspricht. Dieser Kanal wird von der Küstenwache überwacht und von Schifffahrtsbetreibern genutzt, um Hilfe zu rufen. Sogar im Landesinneren gilt diese Frequenz als heilig für Notfälle auf dem Wasser. Die Nutzung, ohne auf dem Wasser zu sein und ohne einen echten Notfall, ist sowohl unethisch als auch oft illegal. Es ist wichtig zu respektieren, dass Menschen auf See auf diesen Kanal für kritische Echtzeitkommunikation angewiesen sind.

In der Amateurfunkwelt ist die Frequenz 146,520 MHz im 2-Meter-Band als nationale Ruffrequenz in den Vereinigten Staaten bekannt. Dies wird häufig von Funkamateuren verwendet, um in Notfällen Kontakt aufzunehmen oder um Notrufe zu überwachen. Wenn Sie ein lizenzierter Funkamateur sind, sollten Sie diese Frequenz gut überwachen. In schlimmen Notfällen, wenn Menschenleben gefährdet sind, kann es im Rahmen der „Notfallausnahmeregelung" auch von einer Person ohne Lizenz genutzt werden, allerdings nur so lange, wie nötig, um Hilfe zu holen.

Auch die NOAA-Wetterfunkfrequenzen im Bereich von 162,400 bis 162,550 MHz sind von entscheidender Bedeutung. Diese Kanäle sind nur für Übertragungen bestimmt, sodass Sie nicht über sie sprechen können. Sie liefern jedoch wichtige Updates bei Naturkatastrophen, Chemieunfällen und anderen Notfällen. Ein Radio, das diese Sendungen empfangen kann, ist in jeder Notfallausrüstung unerlässlich.

Der Citizens Band (CB)-Funkkanal 9 (27,065 MHz) ist gesetzlich für die Notfallkommunikation vorgesehen. CB-Funkgeräte sind in den Vereinigten Staaten lizenzfrei und für die Öffentlichkeit zugänglich, was sie zu einem wichtigen Hilfsmittel für Menschen ohne Amateurfunklizenz macht. Einige staatliche Polizei- und Autobahnpolizeieinheiten überwachen diesen Kanal immer noch. Die Reichweite ist geringer als bei einem Amateurfunkgerät, kann aber insbesondere bei Fahrzeugnotfällen nützlich sein.

Der General Mobile Radio Service (GMRS) und der Family Radio Service (FRS) umfassen gemeinsam genutzte Kanäle, wobei Kanal 1 (462,5625 MHz) in Vorbereitungs- und Wandergemeinden häufig als Notkanal behandelt wird. Obwohl es sich hierbei um Optionen mit geringem Stromverbrauch handelt, bieten sie eine einfache und praktische Möglichkeit, im Katastrophenfall andere Menschen in der Nähe zu erreichen.

Während eines Grid-Down-Ereignisses oder eines SHTF-Szenarios können die rechtlichen und ethischen Rahmenbedingungen unsicher werden. Unter normalen Bedingungen ist das Senden auf

Frequenzen wie Strafverfolgungs-, Militär- oder Luftfahrtfrequenzen ohne Genehmigung eine schwere Straftat. Aber wenn die üblichen Systeme zusammenbrechen und das Überleben zur Priorität wird, argumentieren viele Prepper, dass die Notwendigkeit der Kommunikation zur Rettung, Koordination oder zum Schutz diese Vorschriften außer Kraft setzen könnte.

Dies führt zu einer Grauzone. In einem lebensgefährlichen Notfall ohne Zugang zu offizieller Hilfe könnte es als notwendig erachtet werden, eine begrenzte Häufigkeit für Hilferufe zu nutzen. Dennoch muss ethische Verantwortung das Verhalten leiten. Vermeiden Sie es, sich zu stören, sich als Autorität auszugeben oder den Rettungsdienst zu stören. Selbst während des gesellschaftlichen Zusammenbruchs sind einige Agenturen möglicherweise noch aktiv und auf diese Kanäle angewiesen, um Leben zu retten.

Darüber hinaus übernehmen Prepper manchmal inoffizielle „SHTF"- oder Survival-Frequenzen innerhalb der Amateurbands. Gängige Beispiele sind unter anderem 146,420 MHz, 446,000 MHz oder 462,675 MHz. Diese Frequenzen sind nicht offiziell für Notfälle reserviert, sondern werden oft von lokalen Gruppen für die Nutzung in Krisenzeiten vereinbart. In ruhigen Zeiten sollten diese nur von lizenzierten Betreibern oder zur reinen Empfangsüberwachung verwendet werden.

Es gibt auch ethische Bedenken hinsichtlich der Verschlüsselung oder Verwendung von Codes auf Frequenzen, bei denen Offenheit gesetzlich vorgeschrieben ist. Beispielsweise verbieten die Amateurfunkregeln verschlüsselte Nachrichten, da das System auf Transparenz und öffentlichen Nutzen ausgelegt ist. Bei einem völligen Zusammenbruch, wenn die bürgerliche Ordnung zusammengebrochen ist, gelten diese Normen möglicherweise nicht mehr in gleicher Weise. Dennoch verstehen verantwortungsbewusste

Betreiber das Gleichgewicht zwischen Sicherheit und Eingriffen. Die Verwendung einfacher Codephrasen oder vereinbarter Bedeutungen innerhalb einer Gruppe kann akzeptabel sein, sofern sie anderen nicht schadet oder den Notfallbetrieb stört.

Achten Sie bei der Nutzung von Funkfrequenzen in Notfällen auf kurze und klare Übertragungen. Identifizieren Sie, wer Sie sind und was Sie brauchen, und hören Sie dann zu. Überlasten Sie Ihre Kanäle nicht mit langen Storys oder unnötigem Geschwätz. Wenn mehrere Personen versuchen, dieselbe Frequenz zu nutzen, ist es höflich und klug, sich abzuwechseln und zu vermeiden, dass man sich gegenseitig auf die Signale tritt. Dies gilt insbesondere für gemeinsam genutzte Notruffrequenzen wie CB-Kanal 9 oder FRS-Kanal 1.

Eine vorausschauende Planung ist unerlässlich. Informieren Sie sich über die in Ihrer Region verfügbaren Frequenzen und stimmen Sie sich nach Möglichkeit mit einer vertrauenswürdigen Gruppe ab. Notieren Sie sich Notfrequenzen, drucken Sie Kanalführer aus und bewahren Sie sie zusammen mit Ihrer Funkausrüstung in einer wasserdichten Tasche auf. Testen Sie Ihr Radio im reinen Empfangsmodus, um zu erfahren, wie diese Frequenzen klingen und wann sie aktiv sind. In Friedenszeiten ist es viel sicherer, zuzuhören und zu lernen, als Fehler zu machen, wenn es darauf ankommt.

Respekt, Zurückhaltung und Bereitschaft bilden die Grundlage für den ethischen Einsatz von Funk in Notfällen. Auch wenn eine echte SHTF-Situation notgedrungen einige rechtliche Grenzen lockern kann, sollte sie niemals fahrlässiges oder schädliches Verhalten rechtfertigen. Durch den verantwortungsvollen Umgang mit Notfrequenzen wird sichergestellt, dass diese für alle, die sie wirklich benötigen, offen und funktionsfähig bleiben.

Jeder Mensch, der im Notfall ein Funkgerät in die Hand nimmt, hat die Macht, die Situation entweder zu verbessern oder zu verschlimmern. Wenn Sie den Unterschied verstehen und klug handeln, können Sie Ihr Leben und das anderer schützen, wenn keine andere Lebensader mehr übrig bleibt.

Verantwortungsvoller Umgang mit Funkwellen zur Vermeidung von Chaos und Verwirrung

In einer Überlebenskrise, wenn die Emotionen hochkochen und die Ressourcen begrenzt sind, wird es umso wichtiger, diszipliniert zu bleiben, insbesondere beim Umgang mit Funkgeräten. Funkkommunikation ist nicht nur ein Werkzeug zum Reden, sie ist eine Lebensader. Die in Notfällen verwendeten Frequenzen werden von vielen Menschen genutzt, die möglicherweise in Gefahr sind oder versuchen, anderen zu helfen.

Diese Kanäle sind nicht privat und sollten niemals so behandelt werden, als ob sie einer einzelnen Person oder Gruppe gehören. Der Respekt vor diesem gemeinsamen Raum ist eine Frage der Sicherheit und nicht nur der Höflichkeit.

Einer der schädlichsten Fehler, der während einer Krise passieren kann, ist das Jamming. Dies geschieht, wenn eine Person die Sprechtaste gedrückt hält, ohne etwas zu sagen, Musik oder Töne in das Mikrofon spielt oder ständig unnötige Nachrichten wiederholt, die andere daran hindern, den Kanal zu nutzen. Manchmal tun Menschen dies aus Versehen, aber in Momenten der Panik oder Verzweiflung tun es andere möglicherweise, weil sie denken, dass ihre Botschaft wichtiger ist als die anderer. Auch wenn die Angst real sein mag, verursacht dieses Verhalten Schaden. Wenn jemand anderes versucht, um Hilfe zu rufen oder eine gefährliche Situation zu melden, und er durch ein gestörtes Signal blockiert wird, kann es zu Todesfällen kommen.

Auch ohne Störung kann der Missbrauch von Notrufkanälen die Situation verschlimmern. Zu viel zu reden, unklare Informationen zu geben oder die falsche Frequenz zu verwenden, kann andere verwirren und die Reaktionsbemühungen verlangsamen. Mitten in einer Krise sollten die Funkwellen für dringende Nachrichten frei bleiben. Wenn viele Menschen versuchen, Hilfe zu erreichen, kann eine klare Kommunikation den Unterschied zwischen Verwirrung und Koordination ausmachen. Deshalb ist es wichtig, vor dem Sprechen nachzudenken, nur zu sprechen, wenn es nötig ist, und Ihre Worte kurz und direkt zu halten.

Disziplin im Umgang mit dem Funkgerät ist wie Disziplin bei jeder anderen Überlebensfähigkeit. Sie verschwenden weder Nahrung noch Wasser, nur weil Sie Angst haben. Du schreist nicht jede Sekunde, wenn du dich im Wald verirrst, sondern rufst zu regelmäßigen Zeiten, damit die Leute dich hören können. Radios funktionieren auf die gleiche

Weise. Setzen Sie sie mit Bedacht ein, dann werden sie Ihnen gute Dienste leisten. Missbrauche sie, und sie könnten dich im Stich lassen, wenn du sie am meisten brauchst.

Sowohl Kinder als auch Erwachsene müssen verstehen, dass nur weil ein Radio funktioniert, das nicht bedeutet, dass es für jeden Gedanken oder jede Angst genutzt werden sollte. Es ist leicht, in Panik zu geraten, besonders wenn man alleine ist oder von der Gruppe getrennt ist, aber es ist wichtig, durchzuatmen, sich zu beruhigen und das Radio nur zu benutzen, wenn es die Situation verbessert. Immer wieder anzurufen, ohne dass ein wirklicher Notfall vorliegt, kann andere von wichtigen Dingen ablenken und den Akku verbrauchen, der später möglicherweise benötigt wird. Es kann auch zu Fehlalarmen kommen, die Retter oder Teamkollegen in die falsche Richtung lenken.

Ein weiterer Fehler, der passieren kann, ist die Verwendung des falschen Kanals. Einige Radios verfügen beispielsweise über eine Scanfunktion, die von einer Frequenz zur anderen springt. Wenn Sie nicht sicher sind, welche Frequenz für Ihr Team oder für Notfälle geeignet ist, könnten Sie am Ende auf einem privaten oder sensiblen Kanal sprechen, was Verwirrung stiftet oder gegen gesetzliche Vorschriften verstößt. Deshalb ist es wichtig, rechtzeitig zu trainieren. Kennen Sie den Kommunikationsplan Ihrer Gruppe. Führen Sie eine gedruckte Liste der richtigen Kanäle. Üben Sie, wie Sie die Frequenz wechseln, ohne zu raten. Wenn Sie ruhig und vorbereitet sind, ist es weniger wahrscheinlich, dass Sie das Radio missbrauchen, wenn es darauf ankommt.

Auch Selbstkontrolle trägt dazu bei, die Sicherheit Ihres Teams zu gewährleisten. Wenn alle auf Ihrer Seite zu viel reden oder über Funk streiten, verrät das Ihren Standort und erregt unerwünschte Aufmerksamkeit. Der Lärm kann von anderen wahrgenommen werden, auch von Personen, die Ihnen möglicherweise Schaden zufügen oder Ihre Vorräte stehlen möchten. Im Überlebensmodus geht es beim Schweigen und dem klugen Umgang mit dem Radio nicht nur um Manieren, sondern um das Überleben.

Hinzu kommt das Problem von Scherzanrufen oder gefälschten Notrufen. Diese sind nicht nur kindisch oder nervig, sie sind auch gefährlich. Wenn jemand um Hilfe ruft und einen falschen Ort oder eine falsche Geschichte angibt, könnte das die Einsatzkräfte von echten Notfällen abhalten. Es schadet auch dem Vertrauen. Wenn jemand das nächste Mal um Hilfe ruft, denken die Zuhörer möglicherweise, dass es sich um einen weiteren Streich handelt, und ignorieren ihn. Vertrauen ist schwer aufzubauen und leicht zu verlieren. Im Notfall müssen Sie dieses Vertrauen schützen, indem Sie Ihre Worte sorgfältig und ehrlich verwenden.

Auch für Amateurfunknutzer ist Disziplin eine gesetzliche Pflicht. Die Amateurfunkgemeinschaft hält sich auch in schwierigen Situationen an strenge Regeln. Die Bediener werden darin geschult, sich zu identifizieren, die richtigen Frequenzen zu verwenden und Schäden zu vermeiden. Diese Kultur der Disziplin ist der Grund, warum Amateurfunk respektiert wird und warum er bei Katastrophen so gut funktioniert. Selbst wenn Sie ein einfacheres Funkgerät wie ein Baofeng oder ein Walkie-Talkie verwenden, können Sie aus diesem Beispiel lernen. Gute Gewohnheiten sorgen für eine starke Kommunikation.

Training und Teamarbeit sind Ihr bester Schutz gegen schlechte Funknutzung. Üben Sie mit Ihrem Team in ruhigen Zeiten. Nutzen Sie Rollenspielübungen, um Notfälle einzuüben. Lernen Sie, die Stimmen des anderen zu erkennen, sich an Rufzeichen zu halten und Funktionscodes zu verwenden, um Nachrichten schnell weiterzuleiten. Weisen Sie eine Person als Hauptkommunikator und andere als Ersatz zu. Je mehr Sie üben, desto selbstbewusster und gelassener werden alle sein, wenn eine echte Krise eintritt.

Zur Radiodisziplin gehört auch das Zuhören. Manchmal besteht die beste Verwendung Ihres Radios darin, still zu bleiben und den Kanal zu überwachen. Dies hilft Ihnen zu lernen, was vor sich geht, Muster zu verstehen und auf den richtigen Moment zum Sprechen zu warten. Wenn alle reden, hört niemand zu. Aber wenn sich die Leute abwechseln und wachsam bleiben, kommen die Botschaften an.

Kindern und Anfängern sollte beigebracht werden, dass ein Radio kein Spielzeug ist, insbesondere im Katastrophenfall. Ebenso wie Feuer oder scharfe Werkzeuge müssen Radios mit Vorsicht behandelt werden. Geben Sie jungen Nutzern klare Regeln: Sprechen Sie nur, wenn ein Erwachsener sagt, dass es in Ordnung ist, oder wenn ein echter Notfall vorliegt. Bringen Sie ihnen bei, einfache Wörter zu verwenden und auf eine Antwort zu warten, bevor Sie erneut sprechen. Diese Lektionen könnten ihnen helfen, eines Tages ein Leben zu retten.

Es ist nicht immer einfach, beim Radio diszipliniert zu bleiben, besonders wenn man Angst hat oder müde ist. Aber indem Sie konzentriert bleiben, dem Plan folgen und den Kanal respektieren, schützen Sie sich und andere. Notfallkanäle sind eine gemeinsame Ressource. Sie dienen nicht nur dem Reden, sondern auch dem Überleben. Wenn Sie Ihre Stimme mit Bedacht einsetzen, wird sie zu einem Signal der Hoffnung. Bei Missbrauch wird es zu Lärm im Dunkeln. Die Wahl liegt immer bei Ihnen.

Kapitel 8

Wartung und Fehlerbehebung vor Ort

In jedem Überlebens- oder Krisenumfeld ist es genauso wichtig, dass Ihre Kommunikationsmittel funktionsfähig bleiben, wie zu wissen, wie man sie nutzt. Bei Radios ist das nicht anders. Sie unterliegen der Abnutzung durch Staub, Feuchtigkeit, Temperaturschwankungen und unsachgemäßer Handhabung. Ganz gleich, ob Sie sich tief im Wald befinden, in einem Sturm stecken bleiben oder nach einer Katastrophe durch Trümmer navigieren, die Zuverlässigkeit Ihres Funkgeräts hängt davon ab, wie gut Sie es warten. Dieses Kapitel konzentriert sich auf die grundlegenden Fähigkeiten, die erforderlich sind, um Funkgeräte sauber zu halten, auf Probleme zu prüfen und einfache Probleme vor Ort zu beheben, damit Ihre

Ausrüstung einsatzbereit bleibt, wenn es darauf ankommt.

Off-Grid-Batteriemanagement: Solar, Handkurbel und Austausch

In einer Überlebens- oder Off-Grid-Situation kann eine zuverlässige Stromquelle für Ihr Funkgerät den entscheidenden Unterschied bei der Aufrechterhaltung der Kommunikation ausmachen. Das Baofeng UV-5R und ähnliche Funkgeräte sind für den Betrieb auf wiederaufladbare Batterien angewiesen. Herkömmliche Lademethoden sind jedoch möglicherweise nicht immer verfügbar. Daher ist es wichtig zu wissen, wie Sie Ihr Radio auch ohne Stromanschluss mit Strom versorgen. Glücklicherweise gibt es mehrere Methoden, um Ihren Baofeng auch an abgelegenen Orten aufgeladen zu halten. Dazu gehören Solarmodule, manuelle Ladegeräte und Batteriewechsel.

Sonnenkollektoren sind eine der effektivsten Möglichkeiten, Ihr Baofeng-Radio netzunabhängig mit Strom zu versorgen. Solarenergie fängt Sonnenlicht ein und wandelt es in Strom um, der dann zum Aufladen der Batterien Ihres Radios verwendet werden kann. Ein tragbares Solarpanel-Set für kleine Elektronikgeräte, wie sie zum Aufladen von Telefonen oder Radios verwendet werden, kann in einem Überlebensszenario sehr nützlich sein. Bei der Auswahl eines Solarpanels ist es wichtig, eines mit der richtigen Ausgangsleistung auszuwählen, die den Anforderungen Ihres Radios entspricht. Viele Solarladegeräte verfügen über unterschiedliche Spannungsausgänge. Daher müssen Sie sicherstellen, dass das Panel je nach Batterietyp 5 V oder 12 V liefert.

Bei der Einrichtung eines Solarladesystems wird in der Regel die Batterie Ihres Baofeng an ein kompatibles Solarladegerät angeschlossen, das bei Tageslicht Energie in der Batterie speichert.

Solarladegeräte können auf verschiedene Arten aufgebaut werden, z. B. indem man die Module flach auf den Boden legt oder sie unterwegs an einem Rucksack befestigt. Da das Sonnenlicht nicht konstant ist, ist es wichtig zu bedenken, dass der Solarladevorgang einige Zeit dauern kann. An bewölkten oder regnerischen Tagen kann es sein, dass Ihr Radio nicht vollständig aufgeladen wird. Daher ist es wichtig, einen Backup-Plan zu haben.

Neben Solarmodulen sind manuelle Ladegeräte eine weitere nützliche Option, um Ihren Baofeng netzunabhängig mit Strom zu versorgen. Manuelle Ladegeräte verwenden normalerweise einen Handkurbelmechanismus zur Stromerzeugung. Durch Drehen der Kurbel können Sie Strom erzeugen, um den Akku Ihres Radios aufzuladen. Diese Ladegeräte sind oft kompakt und leicht, sodass sie leicht zu transportieren und in Notfällen zu verwenden sind. Obwohl Ladegeräte mit Handkurbel möglicherweise keine große Strommenge erzeugen, können sie in Situationen nützlich sein, in denen andere Ladeoptionen nicht verfügbar sind. Bedenken Sie, dass das Ankurbeln des Ladegeräts körperliche Anstrengung und Zeit erfordert. Daher ist es am besten, es als letzten Ausweg zu verwenden oder wenn andere Lademethoden nicht möglich sind.

Eine weitere Möglichkeit, sicherzustellen, dass Ihr Baofeng-Radio mit Strom versorgt bleibt, besteht darin, die Batterie bei Bedarf auszutauschen. Wenn Sie Ersatzbatterien zur Hand haben, können Sie Ersatzbatterien mitnehmen und die alte Batterie durch eine voll aufgeladene ersetzen. Der Baofeng UV-5R beispielsweise nutzt einen wiederaufladbaren Lithium-Ionen-Akku. Diese Batterien sind leicht, wiederaufladbar und vor Ort einfach auszutauschen. Um sicherzustellen, dass Sie immer über einen geladenen Akku verfügen, ist es wichtig, zusätzliche Akkus an einem sicheren und zugänglichen Ort aufzubewahren. Das Mitführen eines Akkupacks oder eines kleinen Koffers zur Aufbewahrung von Ersatzakkus kann dazu beitragen, diese vor Beschädigungen zu schützen und sie einsatzbereit zu halten.

Beim Austauschen von Batterien ist es wichtig, auf deren Zustand und Leistung zu achten. Mit der Zeit verlieren Batterien ihre Fähigkeit, die Ladung zu halten, insbesondere wenn sie häufig entladen werden oder extremen Temperaturen ausgesetzt sind. Überprüfen Sie Ihre Ersatzbatterien regelmäßig und ersetzen Sie sie, wenn sie Anzeichen von Abnutzung oder Beschädigung aufweisen. Um die Lebensdauer Ihrer Batterien zu verlängern, lagern Sie sie an einem kühlen, trockenen Ort und setzen Sie sie nicht über einen längeren Zeitraum direktem Sonnenlicht oder Wärmequellen aus.

Für diejenigen mit mehr technischen Fähigkeiten kann ein DC-DC-Wandler verwendet werden, um Strom aus verschiedenen Quellen, beispielsweise einem Solarpanel oder sogar einer Fahrzeugbatterie, in eine nutzbare Ladung für das Radio umzuwandeln. Dieser Konvertertyp kann an einen Akku angeschlossen werden und dann kann die Energie an das Baofeng-Radio übertragen werden. Der Vorteil der Verwendung eines DC-DC-Wandlers besteht darin, dass Sie Ihr Radio flexibel über verschiedene Stromquellen aufladen können, unabhängig davon, ob es sich um ein Solarpanel, ein Fahrzeug oder ein tragbares Kraftwerk handelt.

Es ist auch erwähnenswert, dass ein Batterie-Backup-Plan über das bloße Mitführen von Ersatzbatterien hinausgeht. Wenn Sie sich in einer Umgebung mit begrenzten Ressourcen befinden, können Sie Ihre Chancen erhöhen, Ihr Radio mit Strom zu versorgen, indem Sie Ihren Energieverbrauch steuern. Das bedeutet, dass Sie das Radio ausschalten, wenn es nicht verwendet wird, die Übertragungen auf die notwendige Kommunikation beschränken und nach Möglichkeit Energiesparmodi auf Ihrem Gerät verwenden. Je effizienter Sie Ihr Funkgerät nutzen, desto länger halten die Batterien, was in längeren Überlebenssituationen von entscheidender Bedeutung sein kann.

Zusätzlich zu diesen Methoden gibt es auch einige praktische Tipps zur Schonung der Batterielebensdauer beim netzunabhängigen Laden. Nachts ist es beispielsweise besser, Strom zu sparen, indem Sie die Nutzung Ihres Funkgeräts auf die unbedingt erforderliche Kommunikation beschränken. Planen Sie Ihre Funknutzung entsprechend Ihrem Batteriestand, damit Sie die Zeit maximieren können, in der Sie sich auf Ihr Kommunikationsgerät verlassen können. Diese Art der Planung trägt dazu bei, dass Sie nicht in eine Situation geraten, in der die Batterie Ihres Radios dann leer wird, wenn Sie sie am meisten brauchen.

Wenn Sie Ihren Baofeng netzunabhängig aufladen, sollten Sie auch darauf achten, dass Ihre Ladeeinrichtung so langlebig wie möglich ist. Sowohl Solarmodule als auch Handkurbelladegeräte können bei unsachgemäßer Handhabung beschädigt werden. Achten Sie darauf, sie ordnungsgemäß aufzubewahren und vor Stößen oder Witterungseinflüssen zu schützen, wenn Sie sie nicht verwenden. Tragbare Solarmodule zum Beispiel sind oft wasserdicht und robust gebaut, dennoch ist es wichtig, sie regelmäßig auf Schäden zu überprüfen.

Zusammenfassend lässt sich sagen, dass es in einer Überlebenssituation eine wichtige Fähigkeit ist, dafür zu sorgen, dass Ihr Baofeng-Radio stromlos bleibt. Durch den Einsatz von Solarpaneelen, manuellen Ladegeräten und Batteriewechseln können Sie Ihr Radio auch in den entlegensten Umgebungen betriebsbereit halten. Wenn Sie über ein zuverlässiges Stromversorgungssystem verfügen, bleiben Sie verbunden und für die Kommunikation bereit, sei es, um Hilfe zu rufen, sich bei einer Gruppe zu melden oder wichtige Informationen zu erhalten. Der Schlüssel zum erfolgreichen netzunabhängigen Laden liegt darin, mit mehreren Methoden und Backup-Plänen vorbereitet zu sein, damit Ihre Kommunikationsausrüstung zuverlässig bleibt, wenn Sie sie am meisten brauchen.

Häufige Fehler in freier Wildbahn diagnostizieren und beheben

Wenn Sie ein Baofeng UV-5R oder ein anderes Funkgerät im Feld verwenden, ist es wichtig zu wissen, wie häufig auftretende Probleme behoben werden können. Diese Funkgeräte sind langlebig, können aber wie jedes elektronische Gerät bei starker Beanspruchung oder unter schwierigen Bedingungen Probleme haben. Wenn Sie wissen, wie Sie Probleme erkennen und beheben können, z. B. keinen Ton, eine defekte Antenne oder festsitzende Tasten, können Sie die Funktionsfähigkeit Ihres Radios aufrecht erhalten, wenn die Kommunikation entscheidend ist. Nachfolgend finden Sie eine Anleitung, die Ihnen dabei hilft, diese häufigen Probleme unterwegs zu beheben.

Eines der häufigsten Probleme, mit denen Benutzer konfrontiert sind, ist, dass das Radio keinen Ton erzeugt. Wenn Sie über den Lautsprecher nichts hören, überprüfen Sie zunächst die Lautstärke. Möglicherweise wurde die Lautstärke zu niedrig eingestellt oder versehentlich ausgeschaltet. Drehen Sie den Lautstärkeregler im Uhrzeigersinn, um die Lautstärke zu erhöhen. Wenn die Lautstärke aufgedreht ist, Sie aber immer noch keinen Ton hören, prüfen Sie, ob das Radio auf den richtigen Kanal oder die richtige Frequenz eingestellt ist. Stellen Sie sicher, dass Sie sich auf einem Kanal befinden, der sendet, da ein inaktiver oder toter Kanal den Eindruck erwecken kann, dass das Funkgerät nicht funktioniert.

Eine weitere mögliche Ursache dafür, dass kein Ton zu hören ist, könnte sein, dass der Lautsprecher beschädigt ist oder die Audioeinstellungen geändert wurden. Sie können überprüfen, ob das Radio auf den richtigen Modus eingestellt ist, z. B. „VFO" (Variable Frequency Oscillator) oder „Memory"-Modus, und sicherstellen, dass es sich nicht im „Lock"-Modus befindet, der die Übertragungen unterdrücken könnte. Manchmal kann dieses Problem durch einfaches Zurücksetzen oder Aus- und Wiedereinschalten des Radios behoben werden, wodurch die Einstellungen wieder auf den Normalzustand zurückgesetzt werden.

Wenn Ihr Radio immer noch keinen Ton erzeugt, testen Sie die Kopfhörerbuchse. Wenn etwas an die Buchse angeschlossen ist, beispielsweise ein Headset oder ein externer Lautsprecher, übersteuert es möglicherweise den internen Lautsprecher. Trennen Sie alle externen Zubehörteile und überprüfen Sie es erneut. Wenn der Ton wieder auftritt, liegt das Problem wahrscheinlich an der externen Verbindung, die durch Ausprobieren verschiedener Zubehörteile weiter getestet werden kann.

Ein weiteres häufiges Problem ist eine kaputte Antenne. Wenn Ihre Antenne beschädigt oder kaputt ist, kann Ihr Funkgerät Schwierigkeiten haben, Signale zu empfangen oder effektiv zu senden. Überprüfen Sie zunächst die Antenne auf sichtbare Risse oder Biegungen. Wenn es beschädigt erscheint, ersetzen Sie es durch ein neues. Ersatzantennen sind in der Regel kostengünstig und können vor Ort problemlos ausgetauscht werden. Wenn Sie keine Ersatzantenne haben, sollten Sie eine provisorische Lösung in Betracht ziehen. In einigen Fällen können Sie den verbleibenden Teil der Antenne vorsichtig biegen, um den Empfang zu verbessern. Dies ist jedoch bestenfalls eine vorübergehende Lösung. Stellen Sie für eine bessere Signalstärke immer sicher, dass die Antenne fest an der Basis des Radios angeschraubt ist. Wenn die Antenne locker ist, kann sie weder gut senden noch empfangen.

Ein schwerwiegenderes Problem kann auftreten, wenn die Antenne vollständig vom Radio getrennt ist. In diesem Fall können Sie möglicherweise kein Signal übertragen. In solchen Fällen besteht eine kurzfristige Lösung darin, einen Ersatz zu finden. Einige Überlebenskünstler verwenden Draht, Schnur oder anderes leitfähiges Material, um eine provisorische Antenne zu bauen. Befestigen Sie den Draht am Antennenfuß und verlängern Sie ihn. Beachten Sie jedoch, dass dies nur eine vorübergehende Maßnahme ist und nicht so effizient funktioniert wie die Originalantenne.

Ein weiteres Problem, das auftreten kann, besteht darin, dass Tasten am Radio stecken bleiben oder nicht reagieren. Dies kann passieren, wenn sich Schmutz oder Ablagerungen in den Tasten festsetzen oder wenn das Radio Feuchtigkeit ausgesetzt ist. Um dieses Problem zu beheben, schalten Sie zunächst das Radio aus. Untersuchen Sie die Tasten vorsichtig, um festzustellen, ob sie durch irgendetwas behindert werden. Verwenden

Sie ein sauberes Tuch oder Druckluft, um Schmutz oder Ablagerungen zu entfernen, die sich möglicherweise in oder um die Tasten herum festsetzen. Wenn die Tasten klebrig sind, können Sie den Bereich mit einer kleinen Menge Wasser oder Reinigungsalkohol reinigen. Verwenden Sie jedoch nicht zu viel Flüssigkeit, da dies das Radio beschädigen könnte.

Wenn eine Taste nach der Reinigung immer noch nicht reagiert, können Sie versuchen, die Taste mehrmals zu drücken, um das Problem zu lösen. Manchmal hilft wiederholtes Drücken, die Taste wieder funktionsfähig zu machen. Wenn das Problem weiterhin besteht, kann es an der internen Verkabelung oder an Komponenten des Radios liegen, die möglicherweise eine umfassendere Reparatur oder einen Austausch erfordern.

Ein weiteres zu beachtendes Problem sind Batterieprobleme. Wenn sich das Radio nicht einschalten lässt oder die Stromversorgung schnell verliert, kann dies an einer schwachen oder leeren Batterie liegen. Stellen Sie zunächst sicher, dass der Akku ordnungsgemäß installiert und geladen ist. Wenn der Akku keine Ladung mehr hält, versuchen Sie, ihn durch einen Ersatzakku zu ersetzen. Wenn Sie keinen Ersatzakku haben, kann das Aufladen des Akkus mit alternativen Methoden, z. B. Solarpanels, eine vorübergehende Lösung sein. In manchen Fällen können die Kontakte im Batteriefach verschmutzen oder korrodieren. Reinigen Sie die Kontakte mit einer kleinen Bürste oder einem Tuch und stellen Sie sicher, dass der Akku richtig sitzt. Wenn der Akku völlig leer ist und nicht aufgeladen werden kann, ist der Austausch durch einen neuen die einzige Lösung.

Falls Ihr Funkgerät keine Signale sendet oder empfängt, stellen Sie sicher, dass es sich nicht im „Sperrmodus" befindet. Die „Sperr"-Funktion des Baofeng UV-5R soll versehentliches Drücken von Tasten verhindern. Wenn das Radio gesperrt ist, kann es weder senden noch Einstellungen ändern.

Um das Radio zu entsperren, halten Sie die „Sperr"-Taste einige Sekunden lang gedrückt. Wenn Ihr Radio keine Übertragungen empfängt, überprüfen Sie die Frequenzeinstellungen und stellen Sie sicher, dass Sie auf das richtige Band eingestellt sind, entweder VHF oder UHF, je nachdem, womit Sie kommunizieren möchten.

Bei Radios, die eine schlechte Leistung oder fehlerhafte Displays aufweisen, kann dies an einem Stromproblem oder einer fehlerhaften Verkabelung im Gerät liegen. Versuchen Sie, das Radio auszuschalten und die Batterie für ein paar Minuten zu entfernen. Setzen Sie dann die Batterie wieder ein und schalten Sie es wieder ein. Wenn das Problem weiterhin besteht, prüfen Sie, ob die internen Komponenten offensichtlich beschädigt sind. Wenn das Display des Radios leer ist, könnte dies auf eine fehlerhafte Verbindung oder ein Problem mit der Stromversorgung hinweisen.

Schließlich sollten Sie bei allen Feldproblemen auf Feuchtigkeit und extreme Temperaturen achten. Radios reagieren empfindlich auf Wetterbedingungen und nasse oder überhitzte Radios können unvorhersehbar reagieren. Sollte das Radio nass werden, trocknen Sie es sofort ab und lassen Sie es in einer trockenen Umgebung auslüften. Versuchen Sie nicht, das Gerät einzuschalten, solange es noch nass ist, da dies zu weiteren Schäden führen kann.

Zusammenfassend lässt sich sagen, dass die Fehlerbehebung bei Ihrem Baofeng UV-5R eine wesentliche Fähigkeit beim Einsatz vor Ort ist. Ob kein Ton, eine kaputte Antenne, festsitzende Tasten oder Probleme mit der Batterie: Zu wissen, wie man das Problem erkennt und schnell behebt, kann in einer Überlebenssituation den entscheidenden Unterschied machen. Halten Sie immer Ersatzteile wie Antennen und Batterien bereit und achten Sie auf grundlegende Wartungsaufgaben, die dazu beitragen, dass Ihr Radio reibungslos funktioniert.

Indem Sie die häufigsten Probleme verstehen und über die richtigen Werkzeuge und Kenntnisse verfügen, um sie anzugehen, können Sie sicherstellen, dass Ihr Funkgerät ein zuverlässiges Kommunikationsmittel bleibt, wenn Sie es am meisten brauchen.

Backup-Optionen und Redundanzstrategien für den Langzeiteinsatz

In jeder langfristigen Überlebenssituation ist eine zuverlässige Kommunikation unerlässlich. Funkgeräte wie das Baofeng UV-5R können als Lebensader dienen, aber um ihre kontinuierliche Nutzung und Wirksamkeit sicherzustellen, ist es wichtig, über Backup-Strategien zu verfügen. Dazu gehören zusätzliche Funkeinheiten, zusätzliche Akkus und alternative Kommunikationsmethoden, die unabhängig von Ihrer Primärausrüstung betrieben werden können. Die Planung von

Stromausfällen, Geräteausfällen oder anderen unvorhergesehenen Umständen ist der Schlüssel zur langfristigen Aufrechterhaltung einer zuverlässigen Kommunikation.

Erstens ist die Bereitstellung zusätzlicher Funkeinheiten eine grundlegende Backup-Strategie. Besonders in rauen Umgebungen oder nach längerer Nutzung sind Funkgeräte anfällig für Beschädigungen. Durch Herunterfallen, Witterungseinflüsse und allgemeine Abnutzung kann ein Radio schnell unbrauchbar werden. Wenn Sie ein oder zwei Ersatzgeräte bereithalten, stellen Sie sicher, dass Sie auch dann weiter kommunizieren können, wenn Ihr primäres Gerät verloren geht, kaputt ist oder eine Fehlfunktion aufweist. Bei der Auswahl von Ersatzradios ist es wichtig, Modelle zu wählen, die mit Ihrem primären Gerät kompatibel sind, wie z. B. das Baofeng UV-5R, um sicherzustellen, dass Sie nicht auf Frequenz- oder Kompatibilitätsprobleme stoßen. Darüber hinaus ist es wichtig, diese Backups an einem sicheren, trockenen Ort aufzubewahren, da Feuchtigkeit oder extreme Temperaturen ihre Leistung beeinträchtigen können. Zum Schutz von Ersatzradios können wasserdichte Taschen oder Koffer verwendet werden.

Neben zusätzlichen Funkgeräten sind Backup-Akkus unerlässlich. Funkbatterien haben insbesondere bei häufigem Gebrauch eine begrenzte Lebensdauer. Für den langfristigen Betrieb ist es von entscheidender Bedeutung, zusätzliche Batterien zur Hand zu haben. Bewahren Sie einige voll aufgeladene Ersatzbatterien an einem sicheren, zugänglichen Ort auf, damit Sie sie bei Bedarf austauschen können. Ideal sind wiederaufladbare Batterien, da diese mehrfach wiederverwendet werden können. In Gebieten, in denen das Aufladen schwierig sein könnte, sollten Sie über die Investition in solarbetriebene Batterieladegeräte nachdenken. Diese Geräte sind tragbar, umweltfreundlich und können an entlegenen Orten eine kontinuierliche Stromquelle bereitstellen, was sie für Überlebenssituationen außerhalb des Stromnetzes von unschätzbarem Wert macht. Solarladegeräte können verwendet werden, um das Radio direkt mit Strom zu versorgen oder zusätzliche Akkus aufzuladen, sodass Sie immer über eine frische Stromquelle verfügen. Manuelle Ladegeräte, wie z. B. Ladegeräte mit Handkurbel, können ebenfalls eine ausgezeichnete Ersatzlösung sein, da sie nicht auf die Sonne angewiesen sind und auch bei bewölktem oder stürmischem Wetter verwendet werden können.

Eine weniger verbreitete, aber nützliche Backup-Strategie ist die Verwendung alternativer Kommunikationsmethoden. In Szenarien, in denen Funkgeräte ausfallen oder Sie sich unauffällig verhalten müssen, sind möglicherweise andere Kommunikationsformen erforderlich. Signalfackeln oder Spiegel können beispielsweise zur visuellen Kommunikation über große Entfernungen eingesetzt werden, insbesondere wenn Sie einfache Nachrichten senden oder andere auf Ihren Standort aufmerksam machen müssen. Obwohl diese Methoden kein direkter Ersatz für die Funkkommunikation sind, sind sie in bestimmten Szenarien wirksam, in denen Funkgeräte beeinträchtigt oder nicht funktionsfähig sein könnten.

Eine weitere alternative Methode ist die Verwendung eines Messenger- oder Kuriersystems, bei dem vertrauenswürdige Personen damit beauftragt werden, Nachrichten physisch von einem Ort zum anderen zu transportieren. Diese Methode kann ein wichtiges Kommunikationsmittel sein, wenn alle elektronischen Mittel ausgefallen sind oder wenn in Bereichen mit starken Signalstörungen gearbeitet wird. Allerdings birgt diese Methode Risiken, da Messenger abgefangen werden können und es zu Zeitverzögerungen kommen kann. Für verdecktere Operationen können sichere schriftliche Nachrichten mithilfe von Code oder Verschlüsselung nützlich sein. Vorab vereinbarte Signale oder geheime Sätze können verwendet werden, um wichtige Informationen durch schriftliche Notizen zu übermitteln, die dann an andere Teammitglieder weitergegeben werden können. Diese Strategie erfordert Vertrauen und starke Sicherheitsmaßnahmen, um sicherzustellen, dass die Informationen vertraulich bleiben.

Ein wichtiger zu berücksichtigender Faktor ist die Sicherstellung, dass Ihre Backup-Systeme regelmäßig getestet und gewartet werden. Ersatzradios und Batterien sollten regelmäßig überprüft werden, um sicherzustellen, dass sie ordnungsgemäß funktionieren. Laden Sie Ersatzbatterien regelmäßig auf und testen Sie die Funkgeräte regelmäßig, um sicherzustellen, dass alle Komponenten, einschließlich Antennen, Tasten und Bildschirme, in gutem Zustand sind. Regelmäßige Wartungskontrollen können unangenehme Überraschungen verhindern, wenn Sie sich mitten in einem kritischen Betrieb befinden.

Ein weiterer Aspekt der Backup-Kommunikation ist die Verwendung eines dedizierten Relay-Systems. Ein Relais ist ein Kommunikationspunkt, der dabei helfen kann, die Reichweite Ihrer Funkgeräte zu vergrößern, insbesondere in hügeligem oder bewaldetem Gelände, wo direkte Signale möglicherweise behindert werden. Die Einrichtung von Relaispunkten zwischen Teammitgliedern oder an strategischen Standorten kann dazu beitragen, die Kommunikation über große Entfernungen und in schwierigem Gelände aufrechtzuerhalten. Der Einsatz von Repeater-Systemen ist eine weitere hervorragende Strategie. Ein Repeater ist ein Gerät, das Signale von einem Funkgerät empfängt und sie mit höherer Leistung weitersendet, wodurch die Signalreichweite erweitert wird. Wenn Sie Zugriff darauf haben, können Sie die Gesamtreichweite und Zuverlässigkeit Ihres Netzwerks verbessern, indem Sie es an einem zentralen Ort mit freier Sichtlinie platzieren.

Bei der Vorbereitung auf ein langfristiges Überleben ist es auch ratsam, die Möglichkeit von EMP-Ereignissen (elektromagnetische Impulse) zu berücksichtigen. EMPs können elektronische Geräte, einschließlich Radios, stören oder zerstören, indem sie ihre internen Schaltkreise durchbrennen. Um dieses Risiko zu mindern, bewahren Sie einen Faradayschen Käfig oder einen ähnlichen Schutzbehälter für Ihre Ersatzradios und Batterien auf. Ein Faradayscher Käfig ist ein Metallgehäuse, das elektromagnetische Felder blockiert und so Schäden an der darin befindlichen Elektronik verhindert. Sie können vorgefertigte Faraday-Taschen kaufen oder Ihre eigenen herstellen, indem Sie eine Schachtel oder einen Beutel mit Aluminiumfolie auskleiden. Dieser einfache, aber effektive Schutz kann Ihre Backup-Kommunikation vor einem EMP-Ereignis schützen.

Für Menschen in extremen Umgebungen ist es wichtig, sich daran zu erinnern, dass es bei der

Kommunikation nicht nur um Funkgeräte geht. In einem Szenario nach dem Zusammenbruch müssen Sie sich möglicherweise an eine sich verändernde Landschaft anpassen, in der Stromnetze und andere Infrastruktur nicht mehr funktionieren. Manuelle Kommunikationsmethoden wie Pfiffe, Handzeichen oder sogar vorher vereinbarte Geräusche können helfen, den Kontakt aufrechtzuerhalten, wenn alles andere fehlschlägt. Durch die Erstellung eines umfassenden Plans, der mehrere Kommunikationsoptionen umfasst, stellen Sie sicher, dass Sie in keiner Situation ohne Kommunikationsmöglichkeit dastehen.

Stellen Sie sicher, dass Ihr Team in allen verfügbaren Backup-Methoden geschult ist. Jedes Teammitglied sollte verstehen, wie man verschiedene Funkgeräte verwendet, Batterien auflädt und alternative Kommunikationsmethoden einsetzt. Regelmäßige Übungen, wie zum Beispiel das Üben des Umstiegs auf Backup-Systeme bei simulierten Notfällen, helfen der Gruppe, schnell und souverän zu reagieren, wenn es soweit ist.

Backup-Strategien für die Kommunikation sind für das langfristige Überleben oder den Einsatz in einer Krise unerlässlich. Zusätzliche Funkgeräte, Ersatzbatterien, alternative Kommunikationsmethoden und Relaissysteme können Ihre Chancen auf eine effektive Kommunikation erheblich erhöhen, unabhängig von den Hindernissen, mit denen Sie konfrontiert sind. Indem Sie sich rechtzeitig vorbereiten und Ihre Backup-Systeme regelmäßig testen, stellen Sie sicher, dass Ihr Team auch unter den schwierigsten Umständen verbunden und informiert bleibt.

Kapitel 9

Übungen, Geländetests und praktische Anwendung

Kapitel 9 konzentriert sich auf die Bedeutung des Übens von Kommunikationssystemen in realen Szenarien. Es betont die Notwendigkeit praktischer Übungen, Geländetests und praktischer Übungen, um sicherzustellen, dass Ihre Kommunikationsstrategien dann effektiv sind, wenn es darauf ankommt. In diesem Kapitel wird beschrieben, wie Sie reale Situationen simulieren, Ihre Ausrüstung in verschiedenen Umgebungen testen und Ihre Pläne optimieren, um Zuverlässigkeit und Effizienz unter Druck sicherzustellen. Indem Sie das Gelernte in realistischen Situationen anwenden, können Sie potenzielle Probleme erkennen und notwendige

Anpassungen vornehmen, um sicherzustellen, dass Sie auf jede Krise bestens vorbereitet sind.

Wie man eine Survival-Funkübung entwirft und durchführt

Die Erstellung realistischer Funktrainingsübungen ist von entscheidender Bedeutung, um sicherzustellen, dass jeder in Ihrem Team oder Ihrer Familie darauf vorbereitet ist, Funkgeräte in Notfällen effektiv einzusetzen. Diese Übungen simulieren reale Szenarien, in denen Kommunikation über Leben und Tod entscheiden kann, und helfen den Teilnehmern, sich mit der Ausrüstung, den Protokollen und Taktiken vertraut zu machen, die während einer Krise erforderlich sind.

Definieren Sie zunächst klare Ziele für jede Übung. Ihr Ziel könnte beispielsweise darin bestehen, die Bewegungskoordination zwischen verschiedenen Mitgliedern Ihres Teams zu üben oder sicherzustellen, dass jeder das Radio richtig auf die richtige Frequenz einstellen kann. Das Festlegen spezifischer Ziele hilft den Teilnehmern, sich auf bestimmte Fähigkeiten zu konzentrieren und sicherzustellen, dass jede Übung die wichtigsten Aspekte der Funkkommunikation in einer Notfallsituation anspricht. Es ist wichtig, diese Ziele allen vor Beginn mitzuteilen, damit sie wissen, was sie erwartet und was von ihnen erwartet wird.

Legen Sie als Nächstes realistische Zeitvorgaben für jede Aufgabe während der Übung fest. Zeitlimits sind bei der Durchführung von Notfallübungen besonders wichtig, da sie die Hochdruckumgebung simulieren, die die Teilnehmer in einer echten Krise erleben würden. Legen Sie beispielsweise ein Zeitlimit fest, wie lange es dauern soll, den Kontakt zu einem anderen Teammitglied herzustellen oder auf eine Kommunikationsanfrage zu antworten. Während es wichtig ist, Ihr Team herauszufordern, stellen Sie sicher, dass die Zeitvorgaben eingehalten werden können, damit die Teilnehmer die Aufgaben erledigen und gleichzeitig Genauigkeit und Gelassenheit bewahren können. Vermeiden Sie zu enge Zeitpläne, da dies zu unnötigem Stress führen und die Wirksamkeit der Übung beeinträchtigen kann.

Berücksichtigen Sie beim Entwerfen von Übungen die Kombination verschiedener Szenariotypen. Beispielsweise könnte sich eine Übung darauf konzentrieren, die Fähigkeit zu testen, ein Kommunikationsnetzwerk zwischen zwei oder mehr Teams in einem großen Gebiet aufzubauen. Eine weitere Übung könnte die Fähigkeit testen, auf einen Notruf zu reagieren oder ein „Hilfe"-Signal zu senden, wenn man von anderen abgeschnitten ist. Sie können auch unerwartete Herausforderungen einbauen, z. B. den Umgang mit Signalstörungen oder die Navigation durch schwieriges Gelände. Je abwechslungsreicher Ihre Übungen sind, desto besser ist Ihr Team auf die Bewältigung verschiedener Kommunikationsherausforderungen während einer Krise vorbereitet.

Erstellen Sie nicht nur abwechslungsreiche Übungen, sondern auch realistische Hindernisse oder Störungen, um die Anpassungsfähigkeit des Teams zu testen. Sie könnten beispielsweise Signalstörungen simulieren, indem Sie Funkgeräte mit reduzierter Leistung verwenden oder Umgebungsgeräusche wie Wind oder Regen einführen, die die Kommunikation stören könnten. Durch die Simulation dieser Hindernisse kann Ihr Team üben, ruhig zu bleiben und seine Kommunikationsstrategie nach Bedarf anzupassen.

Sobald Ihre Übungen eingerichtet sind, ist es an der Zeit, sie durchzuführen. Verfolgen Sie bei jeder Übung, wie lange jeder Teilnehmer für die Erledigung der Aufgabe benötigt und ob er die richtigen Kommunikationsprotokolle befolgt hat. Geben Sie nach Abschluss der Übung ein detailliertes Feedback. Besprechen Sie zunächst, was gut funktioniert hat. Das steigert die Arbeitsmoral und stärkt bewährte Praktiken.

Konzentrieren Sie sich dann auf Bereiche, in denen sich das Team verbessern könnte. Seien Sie in Ihrem Feedback konkret und heben Sie beispielsweise Fälle hervor, in denen die Kommunikation unklar war oder ein Funkgerät nicht auf die richtige Frequenz eingestellt war. Dies hilft Ihrem Team zu verstehen, was schief gelaufen ist und wie es sich verbessern kann.

Das Feedback sollte auch Verbesserungsvorschläge enthalten. Wenn ein Teilnehmer beispielsweise Schwierigkeiten hatte, eine Übertragung zu hören, empfehlen Sie ihm, die Rauschsperre oder die Lautstärke seines Funkgeräts anzupassen. Wenn es bei der Beantwortung von Nachrichten zu Verzögerungen kam, empfehlen Sie ihnen, schneller und prägnanter zu kommunizieren. Feedback sollte immer konstruktiv sein und auf die Verbesserung der Leistung und nicht auf die Kritik von Fehlern abzielen.

Die Integration zeitgesteuerter Bewertungen in Ihre Übungen ist eine effektive Möglichkeit, die Kommunikationsgeschwindigkeit und -effizienz zu testen. Führen Sie nach jeder Übung eine kurze Nachbesprechung durch, in der Sie die Leistung besprechen, eventuelle Fehler ansprechen und bewährte Vorgehensweisen festigen. Dies stellt sicher, dass alle auf dem gleichen Stand sind und dass die bei jeder Übung gewonnenen Erkenntnisse in zukünftigen Szenarien angewendet werden. Stellen Sie sicher, dass Sie jedem Teammitglied ein individuelles Feedback zu seiner Leistung geben. Beispielsweise muss eine Person möglicherweise an der Klarheit ihrer Nachrichten arbeiten, während sich eine andere Person möglicherweise darauf konzentrieren muss, die Einstellungen des Radios schneller anzupassen. Persönliches Feedback trägt zur Weiterentwicklung jedes Einzelnen bei und fördert eine teamorientierte Atmosphäre.

Für ein noch realistischeres Training ist es wichtig, regelmäßig Übungen in verschiedenen

Umgebungen durchzuführen. Versuchen Sie, Kommunikationsübungen an verschiedenen Orten durchzuführen, beispielsweise im Wald, in städtischen Gebieten oder auf offenen Feldern. Indem Sie in verschiedenen Umgebungen üben, helfen Sie Ihrem Team, sich an die Herausforderungen jedes Geländes anzupassen, z. B. an die Signalstärke an abgelegenen Orten oder an Störungen durch Gebäude oder dichtes Laubwerk. Durch die unterschiedliche Platzierung der Übungen wird außerdem verhindert, dass das Training vorhersehbar wird, was den Teilnehmern hilft, auf jede Situation vorbereitet zu bleiben.

Wenn Ihr Team mit der Verwendung der Funkgeräte und der Reaktion auf verschiedene Kommunikationsherausforderungen vertrauter wird, beginnen Sie damit, komplexere Szenarien in die Übungen zu integrieren. Sie könnten beispielsweise eine Situation simulieren, in der sich mehrere Teammitglieder gleichzeitig koordinieren müssen oder in der die Gruppe aufgeteilt wird und den

Kontakt neu herstellen muss. Durch die Simulation eines groß angelegten Krisenszenarios können Sie testen, wie gut Ihr Team die Kommunikation unter Druck bewältigen, den Überblick über alle eingehenden Nachrichten behalten und die Ordnung aufrechterhalten kann, während es andere Aufgaben erledigt.

Planen Sie unbedingt regelmäßige Übungsübungen ein. Wie bei jeder Fähigkeit ist Wiederholung der Schlüssel zur Verbesserung der Fähigkeiten. Durch die regelmäßige Durchführung von Funktrainingsübungen stellen Sie sicher, dass Ihr Team mit der Ausrüstung vertraut bleibt und von seinen Fähigkeiten überzeugt ist. Dadurch wird das Muskelgedächtnis für die Einrichtung der Funkgeräte, die Anpassung der Einstellungen und die Verwendung der Kommunikationsprotokolle gestärkt, die bei realen Notfällen automatisch ablaufen.

Um realistische Funktrainingsübungen zu erstellen, müssen klare Ziele festgelegt, abwechslungsreiche und herausfordernde Szenarien entworfen, Feedback einbezogen und in verschiedenen Umgebungen geübt werden. Durch konsequente Schulungen entwickeln Sie die nötigen Fähigkeiten, um in Krisensituationen effektiv und effizient zu kommunizieren. Indem Sie sich auf die Verbesserung sowohl der individuellen Fähigkeiten als auch der Teamkoordination konzentrieren, stellen Sie sicher, dass Ihr Team im Notfall für jede Kommunikationsherausforderung gerüstet ist.

Testen der Kommunikation über Wälder, Berge und Städte hinweg

Das Testen Ihres Baofeng-Funkgeräts in verschiedenen Geländen ist ein wichtiger Schritt, um zu verstehen, wie sich unterschiedliche Umgebungen auf die Signalstärke und -klarheit auswirken. Die Geografie spielt eine entscheidende Rolle für die Funktionsfähigkeit Ihres Radios. Wenn

Sie sich dieser Faktoren bewusst sind, können Sie die Kommunikation in verschiedenen Umgebungen besser planen. Durch die Durchführung von Tests in unterschiedlichen Umgebungen können Sie wertvolle Erkenntnisse darüber gewinnen, wie sich das Gelände auf die Leistung Ihres Funkgeräts auswirken kann und wie Sie sich an diese Bedingungen anpassen können.

Wenn Sie Ihr Funkgerät im Freien testen, beispielsweise auf einem flachen Feld oder einer großen offenen Ebene, werden Sie wahrscheinlich feststellen, dass die Signalstärke viel klarer und stärker ist. In diesen Gebieten gibt es weniger Hindernisse, sodass sich Funkwellen störungsfrei ausbreiten können. In diesen Einstellungen können Sie unter idealen Bedingungen ein gutes Gefühl für die Reichweite des Funkgeräts bekommen. Es ist auch eine gute Gelegenheit, die maximale Entfernung zu testen, bei der das Funkgerät noch klare Nachrichten senden und empfangen kann. Möglicherweise möchten Sie bei unterschiedlichen

Entfernungen testen, beginnend mit kurzen Entfernungen und diese schrittweise steigern, um zu sehen, wo das Signal anfängt, sich zu verschlechtern. Der Test sollte sowohl mit kurzen als auch mit langen Übertragungen durchgeführt werden, um zu verstehen, wie sich Ihr Funkgerät in verschiedenen Kommunikationsszenarien verhält.

Tests in städtischen Gebieten stellen andere Herausforderungen dar. Hohe Gebäude, dichte Strukturen und andere künstliche Barrieren können Funksignale blockieren oder schwächen. Diese Hindernisse verursachen Störungen und können die Kommunikation insbesondere über große Entfernungen erschweren. Um die Leistung Ihres Funkgeräts in städtischen Umgebungen zu testen, versuchen Sie, Ihre Testpunkte an Orten wie Gassen, Parkhäusern oder zwischen Gebäuden einzurichten. Möglicherweise stellen Sie fest, dass die Signale in offenen Bereichen zwischen Gebäuden klar sind, aber schwächer werden, wenn Sie sich in engen Passagen oder hinter großen

Gebäuden bewegen. Dies ist ein guter Zeitpunkt, um das Anpassen der Rauschsperre und der Lautstärkeregler zu üben, um Interferenzen auszugleichen. Möglicherweise möchten Sie auch die Sende- und Empfangsfunktionen an verschiedenen Standorten testen, um zu beobachten, wie das Funkgerät sowohl mit Sende- als auch mit Empfangssignalen umgeht, wenn es viele potenzielle Störquellen gibt.

In hügeligem oder bergigem Gelände werden Funksignale häufig durch Höhenunterschiede beeinträchtigt. Berücksichtigen Sie beim Testen in diesen Umgebungen sowohl Ihre Position als auch die Umgebung um Sie herum. Höhere Punkte, beispielsweise Hügelkuppen, bieten tendenziell eine bessere Signalklarheit und Reichweite, da die Funkwellen nicht so viele Hindernisse passieren müssen. Andererseits können Täler, Senken oder tiefer gelegene Gebiete zu Signalproblemen führen. Funkwellen können durch das Gelände blockiert werden, was zu schwachen oder verzerrten Signalen führt. Um in diesen Gebieten zu testen, können Sie einen Test von einem Hügel aus und einen weiteren vom Tal darunter durchführen, um die Signalstärke und -klarheit zu vergleichen. Sie werden feststellen, dass das Signal bei der Übertragung von höher gelegenen Orten möglicherweise eine viel größere Reichweite hat, während die Reichweite des Funkgeräts von tiefer gelegenen Orten aus deutlich geringer ist. Diese Art von Tests hilft Ihnen zu verstehen, wie sich die Geographie des Landes auf die Signalausbreitung auswirkt und wie Sie Ihr Funkgerät am besten positionieren, um maximale Wirksamkeit zu erzielen.

Bei Tests in Wäldern oder Gebieten mit dichter Vegetation kann es zu unterschiedlichen Herausforderungen im Zusammenhang mit Bäumen und dichtem Gestrüpp kommen. Diese natürlichen Barrieren können Radiowellen absorbieren und reflektieren, wodurch sie an Stärke oder Klarheit verlieren. Vor allem das dichte Blätterdach der Bäume kann das Signal beeinträchtigen und die

Kommunikation selbst auf kurze Distanz erschweren. Um Ihr Funkgerät in einer Waldumgebung zu testen, versuchen Sie, Ihr Funkgerät sowohl innerhalb als auch außerhalb der Baumkrone zu verwenden, um zu vergleichen, wie sich das Signal verhält. Auf Lichtungen oder offenen Flächen innerhalb des Waldes stellen Sie möglicherweise fest, dass das Signal relativ stark ist, aber je tiefer Sie in den Wald vordringen, desto schwächer kann das Signal werden. Dies ist ein guter Zeitpunkt, um sowohl die Leistungseinstellungen Ihres Radios als auch die Positionierung Ihrer Antenne zu testen. Wenn Sie in dichten Wäldern ein Handfunkgerät verwenden, müssen Sie möglicherweise die Antennenausrichtung anpassen, um das beste Signal zu finden.

Tests in der Nähe von Gewässern wie Seen, Flüssen oder Küsten können Aufschluss darüber geben, wie Gewässer Ihre Funksignale beeinflussen. Wasseroberflächen tragen häufig dazu bei,

Funkwellen zu reflektieren und zu brechen, was manchmal die Signalstärke erhöhen kann, in anderen Fällen jedoch zu unerwarteten Interferenzen oder Signalsprüngen führen kann. Beim Testen in diesen Bereichen stellen Sie möglicherweise fest, dass die Signale ungewöhnlich stark oder unklar sind. Die Wellen des Wassers könnten die Klarheit des Signals verfälschen, insbesondere wenn Sie von einem Ort in der Nähe des Wassers aus senden. Um dieses Verhalten besser zu verstehen, führen Sie Tests sowohl an Land als auch in der Nähe des Wasserrandes durch und beobachten Sie etwaige Unterschiede in der Signalklarheit. Darüber hinaus können Sie durch Tests von einem Boot aus oder in der Nähe des Wasserrands feststellen, wie sich das Funkgerät unter besonderen Bedingungen wie Reflexionen oder durch Wasser verursachten Störungen verhält.

Beim Testen an abgelegenen oder netzunabhängigen Standorten, etwa in tiefen Wildnisgebieten oder isolierten Hütten, werden Sie aufgrund der Entfernung zu Kommunikationsinfrastrukturen wie Mobilfunkmasten oder Repeatern wahrscheinlich mit Signalproblemen konfrontiert sein. In diesen Szenarien ist es wichtig zu messen, wie gut Ihr Funkgerät über große Entfernungen funktioniert und wie effektiv es andere Funkgeräte erreicht, wenn keine oder nur geringe künstliche Infrastruktur vorhanden ist. Testen Sie sowohl die Sichtverbindung als auch die Übertragung bei eingeschränktem Weg, um zu sehen, wie gut Ihr Funkgerät in solchen Umgebungen über große Entfernungen hinweg hält. Diese Tests helfen Ihnen, die Grenzen der Reichweite Ihres Funkgeräts zu verstehen und zu verstehen, wie sich unterschiedliche Geländearten auf seine Wirksamkeit auswirken können. Außerdem ist es ratsam, an entlegenen Standorten ein Ersatzradio oder zusätzliche Stromquellen mitzuführen, um sicherzustellen, dass die Kommunikation auch bei Problemen mit Ihrer Primäreinheit weiterhin möglich ist.

Einer der wichtigsten Aspekte beim Testen Ihres Baofeng-Radios in verschiedenen Geländen ist das Verständnis der Bedeutung der Antennenposition und -einstellungen. Ob Sie sich in den Bergen oder in städtischen Gebieten befinden, Ihre Antenne spielt eine entscheidende Rolle bei der Signalübertragung. Durch Ändern des Winkels oder der Ausrichtung Ihrer Antenne kann der Empfang erheblich verbessert werden. In Bereichen mit vielen Hindernissen wie Gebäuden oder dichter Vegetation können kleine Anpassungen der Antennenposition dazu beitragen, die Klarheit und Reichweite zu verbessern. Erwägen Sie, je nach Umgebung und benötigter Leistung mit verschiedenen Antennentypen zu experimentieren, z. B. einer längeren Peitschenantenne oder einer Richtantenne.

Es ist auch wichtig, die Energieeinstellungen Ihres Radios zu beachten. Der Baofeng UV-5R beispielsweise verfügt sowohl über hohe als auch niedrige Leistungseinstellungen. Während eine niedrige Leistung ideal für die Kommunikation über kurze Entfernungen in Bereichen mit klarer Sicht ist, kann eine hohe Leistung beim Umgang mit Hindernissen oder für die Kommunikation über große Entfernungen von Vorteil sein. Das Testen dieser Einstellungen in verschiedenen Geländen kann Ihnen bei der Entscheidung helfen, wann Sie mehr oder weniger Energie verwenden sollten, um Ihre Kommunikationsreichweite und Akkulaufzeit zu optimieren.

Das Testen Ihres Baofeng-Funkgeräts in verschiedenen Geländen ist wichtig, um zu verstehen, wie sich die Geografie auf die Signalstärke und -klarheit auswirkt. Durch die Durchführung von Tests in offenen Räumen, städtischen Umgebungen, hügeligem Gelände, Wäldern und in der Nähe von Wasser können Sie die einzigartige Art und Weise beobachten, wie sich Funksignale in verschiedenen Umgebungen verhalten. Achten Sie auf Faktoren wie

Antennenpositionierung, Geländehindernisse und Leistungseinstellungen, da diese die Wirksamkeit Ihres Funkgeräts in Notfällen beeinflussen. Mit diesem Wissen sind Sie besser für die Bewältigung von Kommunikationsherausforderungen gerüstet und stellen sicher, dass Ihr Team in Verbindung bleibt, egal wo Sie sich befinden.

Lehren aus realen Ereignissen: Was funktionierte, was fehlschlug

In vielen realen Krisen hat die Funkkommunikation eine entscheidende Rolle dabei gespielt, Leben zu retten, die Ordnung aufrechtzuerhalten und wichtige Informationen bereitzustellen, wenn andere Systeme ausfallen. Ein solcher Fall war der Hurrikan Katrina im Jahr 2005. Als der Sturm die Golfküste verwüstete, fiel das Stromnetz aus, sodass Millionen Menschen keinen Strom mehr hatten. Während Mobilfunknetze überlastet oder völlig ausgefallen waren, stellten Radios ein unschätzbar wertvolles Kommunikationsmittel dar.

Rettungskräfte, Rettungsteams und örtliche Behörden verließen sich zur Koordinierung ihrer Bemühungen stark auf Funkgeräte. Die Fähigkeit, über Funk zu kommunizieren, half ihnen, über überflutete Straßen zu navigieren, Rettungseinsätze zu leiten und Notvorräte zu liefern. Es war eine der wenigen Kommunikationsformen, die während der gesamten Katastrophe funktionsfähig blieben, was zeigt, wie wichtig die Funkkommunikation bei massiven, unvorhersehbaren Ereignissen sein kann.

Ein weiteres Beispiel sind die Folgen des Stromausfalls im Nordosten der USA und Kanadas im Jahr 2003, bei dem über 50 Millionen Menschen mehrere Tage lang keinen Strom hatten. In diesem Szenario wurden Funkgeräte von Notfallmanagementteams, Versorgungsarbeitern und sogar Zivilisten genutzt, um informiert und sicher zu bleiben. Da in einem so großen Gebiet der Strom ausfiel, waren Mobiltelefone aufgrund der Netzüberlastung weitgehend nutzlos. Die Funkgeräte blieben jedoch funktionsfähig, so dass

Notfallteams wichtige Informationen über Bemühungen zur Wiederherstellung der Stromversorgung, Maßnahmen zur öffentlichen Sicherheit und potenzielle Gefahren senden konnten. Dieses Ereignis unterstrich, wie wichtig es ist, bei Stromausfällen batteriebetriebene Radios zur Verfügung zu haben. Während die meisten Menschen in ihren Häusern isoliert waren, konnten diejenigen mit tragbaren Radios Updates und Anweisungen erhalten, die ihnen halfen, während einer Krise fundierte Entscheidungen zu treffen.

In Konfliktgebieten waren Funkgeräte eine Lebensader sowohl für Militärangehörige als auch für Zivilisten. Während der Kriege im Irak und in Afghanistan ermöglichte die Kommunikation über Funk den Truppen, Einsätze zu koordinieren, Verstärkung anzufordern und Echtzeit-Updates bereitzustellen. In diesen Umgebungen kann die Funkkommunikation über Leben und Tod entscheiden. Beispielsweise kann ein Soldat, der aufgrund einer Verletzung eine medizinische

Evakuierung benötigt, mithilfe der Funkkommunikation einen genauen Standort anrufen und so schnelle und präzise Hilfe gewährleisten. Auch wenn zivile Gruppen ins Kreuzfeuer gerieten, konnten sie durch den Zugang zu Funkgeräten Schutz oder Flucht finden, wenn herkömmliche Kommunikationsmittel wie Mobiltelefone aufgrund von Signalstörungen oder Netzwerkabschaltungen nicht verfügbar waren. Über Funk konnten sie Kontakt zu humanitären Hilfsgruppen oder anderen zivilen Gruppen aufnehmen und so nicht isoliert bleiben.

Eine Lehre aus dem Erdbeben und Tsunami in Japan im Jahr 2011 ist die Notwendigkeit zuverlässiger Kommunikationssysteme nach Naturkatastrophen. Die verheerenden Folgen des Erdbebens und des anschließenden gewaltigen Tsunamis zerstörten ganze Städte und ließen viele Menschen in Trümmern stecken oder in Hochrisikogebieten stranden. Während die Telefonsysteme des Landes überlastet waren, stellte die Funkkommunikation eine wichtige Verbindung zwischen Überlebenden und Rettungsteams her. Freiwillige, Notfallhelfer und Regierungsbeamte nutzten Handfunkgeräte, um Rettungseinsätze zu kommunizieren und zu koordinieren. Die Funkkommunikation half dabei, Menschen zu lokalisieren, die in Gebäuden eingeschlossen oder in überschwemmten Gebieten gestrandet waren, und ermöglichte so gezielte Rettungsmaßnahmen, die sonst viel schwieriger durchzuführen gewesen wären. Diese Veranstaltung zeigte, wie wichtig die Aufrechterhaltung der Kommunikationsinfrastruktur insbesondere in katastrophengefährdeten Regionen ist.

Der Völkermord in Ruanda im Jahr 1994 ist ein weiteres Beispiel dafür, wie Funkkommunikation in einer Krise erhebliche Auswirkungen haben kann. Während des Völkermords, der zum Tod von über 800.000 Menschen führte, wurde das Radio genutzt, um Hassreden zu verbreiten und zu Gewalt aufzustacheln. Es spielte jedoch auch eine Rolle dabei, die Menschen auf die Gefahren aufmerksam zu machen und Überlebenden zu helfen. Flüchtlinge, die nach der Gewalt in Lager geflohen waren, nutzten Radios, um sich über die Lage zu informieren. Humanitäre Organisationen verließen sich auf die Funkkommunikation, um Hilfsmaßnahmen zu koordinieren und den Bedürftigen lebenswichtige Güter zukommen zu lassen. Dieses Beispiel zeigt, wie wirkungsvoll Funkkommunikation sowohl im positiven als auch im negativen Sinne sein kann. Es ist wichtig zu bedenken, dass Radio zwar für nützliche Zwecke wie die Verbreitung lebensrettender Informationen genutzt werden kann, aber auch missbraucht werden kann. In solchen Fällen kann der ethische Einsatz der Funkkommunikation dazu beitragen, weiteren Schaden zu verhindern oder abzumildern.

In jüngerer Zeit rückte die COVID-19-Pandemie das Radio wieder ins Rampenlicht, insbesondere in ländlichen oder unterversorgten Gebieten, in denen Internet- und Mobilfunkdienste begrenzt waren.

Radiosender spielten eine wichtige Rolle bei der Bereitstellung präziser Gesundheitsinformationen, Regierungsrichtlinien und Sicherheitsmaßnahmen für die Öffentlichkeit. In abgelegenen Gebieten, in denen die Menschen keinen Zugang zum Internet oder zu Smartphones hatten, wurden Community-Radios zur primären Informationsquelle. Sie haben dazu beigetragen, die Menschen über lokale Sperren, Gesundheitsprotokolle und Impfaktionen auf dem Laufenden zu halten. In diesem Zusammenhang wurde die Funkkommunikation von entscheidender Bedeutung für die Verbreitung von Informationen und die Verringerung von Angst und Verwirrung während der globalen Gesundheitskrise. Radio trug auch dazu bei, Gesundheitspersonal und Freiwillige in Gebieten zu vernetzen, in denen andere Kommunikationsnetze unzuverlässig oder nicht verfügbar waren.

Diese Beispiele aus der Praxis verdeutlichen, wie Funkkommunikation bei Katastrophen, Konflikten und Krisenzeiten eine Lebensader sein kann. Ganz gleich, ob es um die Bereitstellung von Notfallaktualisierungen während einer Naturkatastrophe, die Koordinierung von Rettungsmaßnahmen in einem Konfliktgebiet oder die Verbreitung lebensrettender Informationen während einer globalen Pandemie geht – Funkgeräte sind weiterhin ein unverzichtbares Kommunikationsmittel, wenn alles andere scheitern könnte. Die wichtigste Erkenntnis aus diesen Ereignissen ist, wie wichtig es ist, über ein zuverlässiges, tragbares und Backup-Kommunikationssystem wie Funkgeräte zu verfügen, um sicherzustellen, dass Sie verbunden und informiert bleiben können, wenn herkömmliche Kommunikationsmethoden unzuverlässig oder nicht verfügbar werden. Dieses Wissen kann Einzelpersonen, Familien und Teams dabei helfen, besser auf jede Krise vorbereitet zu sein, da sie wissen, dass Funkkommunikation das Werkzeug sein kann, das einen Unterschied macht, wenn alles andere versagt.

Abschluss

Bleiben Sie in Verbindung, bleiben Sie am Leben – Ihre letzte Checkliste für die Kommunikation

Die Beherrschung der Funkkommunikation in Überlebens- oder Guerillasituationen ist für die Aufrechterhaltung der Sicherheit und Koordination in anspruchsvollen Umgebungen von entscheidender Bedeutung. Die folgenden Grundsätze sind entscheidend für eine effektive Kommunikation, wenn alles auf dem Spiel steht.

Der erste Grundsatz besteht darin, sicherzustellen, dass das Radio zuverlässig und voll aufgeladen ist. Unabhängig davon, ob Sie ein Baofeng-Radio oder ein anderes Gerät verwenden, ist es wichtig, über einen vollständig aufgeladenen Akku und Ersatzstromquellen zu verfügen. Wenn Sie in einer abgelegenen oder netzunabhängigen Umgebung arbeiten, benötigen Sie außerdem Solarladegeräte oder Handkurbelladegeräte, um das Radio am Laufen zu halten. Ohne eine zuverlässige Stromquelle ist Ihr Radio nutzlos und die Kommunikation wird unmöglich.

Als nächstes ist es wichtig, die Grundlagen der Radioetikette zu beherrschen. Das bedeutet, dass Sie eine klare, prägnante Sprache verwenden, Pausen für Antworten einlegen und wissen, wann und wie Sie „Ende" sagen müssen, um anzuzeigen, dass Sie mit der Übertragung fertig sind. Eine gute Radio-Etikette trägt dazu bei, Verwirrung zu vermeiden und stellt sicher, dass Ihre Nachricht von anderen verstanden wird, insbesondere in Stresssituationen.

Drittens: Erstellen Sie immer einen Kommunikationsplan mit Ihrem Team oder Ihrer Gruppe. Dazu gehört die Auswahl bestimmter Kanäle, die Zuweisung von Rufzeichen und die Einrichtung von Codewörtern oder -phrasen zur Übermittlung wichtiger Informationen. Vorab vereinbarte Signale oder Codes können verhindern, dass Angreifer Ihre Nachrichten verstehen, und sorgen so für Betriebssicherheit. Dazu gehört auch, sicherzustellen, dass Ihr Team weiß, wie es schnell und effizient auf Notfallmeldungen reagieren kann.

Das vierte Prinzip beinhaltet die Verwendung von Backup-Kommunikationsmethoden. Selbst wenn Sie über die beste Funkeinrichtung verfügen, kann es sein, dass Umstände Ihr Primärsystem unzuverlässig machen. Planen Sie immer alternative Kommunikationsmethoden wie Satellitentelefone, Läufer (menschliche Boten) oder sogar Signalfackeln ein. Indem Sie über mehrere Kommunikationswege verfügen, verringern Sie das

Risiko, in kritischen Zeiten von Ihrem Team abgeschnitten zu werden.

Ein weiterer entscheidender Grundsatz ist die regelmäßige Ausübung. Ein Funksystem ist nur dann effektiv, wenn man weiß, wie man es unter Druck einsetzt. Die regelmäßige Durchführung von Übungen und Schulungen mit Ihrem Team trägt dazu bei, Vertrautheit und Selbstvertrauen im Umgang mit dem Funkgerät in einer Krise aufzubauen. Das Testen Ihres Setups unter verschiedenen Bedingungen, beispielsweise bei rauem Wetter oder in schwierigem Gelände, stellt sicher, dass Sie auf die Herausforderungen der realen Welt vorbereitet sind.

Ein weiterer wesentlicher Grundsatz ist die Aufrechterhaltung der Betriebssicherheit (OPSEC). Das bedeutet nicht nur, Codes und Verschlüsselungsmethoden zum Schutz Ihrer

Nachrichten zu verwenden, sondern auch unnötige Übertragungen zu vermeiden. Wenn die Funknutzung auf ein Minimum beschränkt wird, verringert sich die Wahrscheinlichkeit, dass feindliche Kräfte sie entdecken und abfangen. Es ist auch wichtig, die Frequenzen regelmäßig zu wechseln, um die Bildung vorhersehbarer Muster zu vermeiden.

Das siebte Prinzip ist das Verständnis und die Anpassung an das Gelände. Funksignale können durch Berge, Gebäude und Wälder stark beeinträchtigt werden. Testen Sie Ihr Radio unter verschiedenen geografischen Bedingungen und passen Sie Ihre Antennen- oder Frequenzeinstellungen entsprechend an, um sicherzustellen, dass Sie das bestmögliche Signal erhalten. Es ist außerdem wichtig, die Grenzen Ihrer Funkreichweite zu kennen und Ihre Strategie an die Umgebung anzupassen, in der Sie tätig sind.

Achtens: Tragen Sie immer Ersatzteile und Werkzeuge bei sich. Funkgeräte können vor Ort kaputt gehen oder eine Fehlfunktion aufweisen, und die Verfügbarkeit von Ersatzantennen, Batterien, Sicherungen und Werkzeugen kann den Unterschied zwischen der Aufrechterhaltung der Funktionsfähigkeit Ihres Systems oder dem Verlust Ihrer Kommunikationsfähigkeit ausmachen. Ein kleines Reparaturset, das wichtige Werkzeuge wie Schraubendreher, Zangen und Isolierband enthält, kann lebensrettend sein.

Neuntens: Bleiben Sie über rechtliche und ethische Aspekte auf dem Laufenden. Auch in Überlebens- oder Guerilla-Situationen ist die Einhaltung rechtlicher Kommunikationspraktiken wichtig. Wenn Sie die Lizenzanforderungen für Amateurfunk (Amateurfunk) kennen und innerhalb der Grenzen der legalen Frequenzen bleiben, vermeiden Sie rechtliche Konsequenzen. Es ist außerdem unbedingt zu vermeiden, Notfrequenzen

nicht für Notfälle zu nutzen, da ein Missbrauch zu
Störungen oder Störungen bei Rettungseinsätzen
führen kann.

Schließlich ist das Prinzip des kontinuierlichen
Lernens entscheidend. Die Welt der
Funkkommunikation entwickelt sich ständig weiter
und es ist von entscheidender Bedeutung, über neue
Technologien, Strategien und Techniken auf dem
Laufenden zu bleiben. Durch den Beitritt zu
Amateurfunknetzen, die Teilnahme an lokalen
Radioclubs und die Teilnahme an Workshops oder
Online-Kursen stellen Sie sicher, dass Ihr Wissen
auf dem neuesten Stand und Ihre Fähigkeiten auf
dem neuesten Stand bleiben.

Damit Sie sich auf alle
Kommunikationsherausforderungen vorbereiten
können, finden Sie hier eine Checkliste mit den
wichtigsten Funkgeräten, Ersatzteilen und

Vorbereitungswerkzeugen, die Sie in Ihre Reisetasche aufnehmen sollten:

1. Baofeng oder andere Handfunkgeräte: Ein zuverlässiges, tragbares Funkgerät für den täglichen Gebrauch.

2. Ersatzbatterien: Mindestens zwei bis drei zusätzliche Batterien, um eine langfristige Nutzung zu gewährleisten.

3. Solarbetriebene Ladegeräte: Zum Aufladen Ihres Radios ohne Strom, insbesondere an abgelegenen Orten.

4. Manuelle Handkurbel-Ladegeräte: Eine Notstromquelle für den Fall, dass eine Solarladung nicht möglich ist.

5. Ersatzantennen: Zusätzliche Antennen zur Verbesserung des Signalempfangs und der Reichweite.

6. Tragbarer Repeater: Wenn Ihr Setup eine größere Kommunikationsreichweite erfordert, schließen Sie einen tragbaren Repeater zur Signalverstärkung ein.

7. Signalverstärker: Ein kompakter Signalverstärker zur Verbesserung schwachen Empfangs in schwierigem Gelände.

8. Headset und Mikrofon: Für freihändige Kommunikation und zur Reduzierung von Störgeräuschen.

9. Radio-Netzadapter: Eine Möglichkeit, Ihr Radio aufzuladen oder mit Strom zu versorgen, wenn Sie Zugang zu einem Auto oder einer anderen Stromquelle haben.

10. Frequenzreferenztabelle: Eine detaillierte Liste lokaler Frequenzen, Frequenzen für den Notfall und vorab zugewiesener Teamkanäle.

11. Codebuch oder Verschlüsselungsmethoden: Vorab vereinbarte Codes oder Ersatzchiffren, um Ihre Kommunikation sicher zu halten.

12. Multitool oder kleines Reparaturset: Zur Behebung kleinerer Funkprobleme, die auftreten können, wie z. B. defekte Anschlüsse oder lose Teile.

13. Klebeband und Kabelbinder: Praktisch für vorübergehende Reparaturen an Radiogeräten oder die Montage von Antennen.

14. Ersatzsicherungen: Um durchgebrannte Sicherungen zu ersetzen und die ordnungsgemäße Funktion Ihres Radios aufrechtzuerhalten.

15. Notsignalgeräte: Einschließlich Leuchtraketen oder Spiegel für den Fall, dass die Funkkommunikation unzuverlässig wird oder nicht verfügbar ist.

Denken Sie beim Erlernen der Funkkommunikation immer daran, regelmäßig zu üben. Erstellen Sie mit Ihrer Familie oder Ihrem Team Trainingsübungen, um sicherzustellen, dass jeder weiß, wie er die Funkgeräte unter Druck effizient nutzt. Auch der Beitritt zu lokalen Amateurfunknetzen und die

Teilnahme an Community-Übungen können wertvolle Erfahrungen sammeln und Ihr Wissen erweitern. Lebenslanges Lernen ist in der sich ständig verändernden Welt der Kommunikationstechnologie unerlässlich. Wenn Sie diese Grundsätze befolgen, die richtige Ausrüstung tragen und vorbereitet bleiben, sind Sie in der Lage, in jeder Survival- oder Guerilla-Situation effektiv zu kommunizieren.

www.ingramcontent.com/pod-product-compliance
Lightning Source LLC
LaVergne TN
LVHW022337060326
832902LV00022B/4081